Latidos Pendientes

-Irina Daria M.-

ISBN: 9798398842708

DEDICATORIA

Para mi abuelo,
Que me enseñó el maravilloso mundo
De la literatura

AGRADECIMIENTOS

Hoy quiero expresar mi más profundo agradecimiento al grupo de escritoras de la Generación I, por su apoyo y compañía en este camino literario. Mi nuevo libro de poesía no habría sido posible sin vuestra presencia y su apoyo, y estoy muy agradecida por ello.

Agradezco a mis lectores, aquellos que han estado conmigo desde el principio y aquellos que acaban de conocer mi trabajo. Aprecio profundamente sus palabras y su tiempo dedicado a leer y reflexionar sobre mis versos.

Agradezco también a mi grupo de poetas, aquellos que me han inspirado y ayudado en el camino. Sus comentarios y críticas constructivas me han llevado a crecer como escritora y como persona.

PRÓLOGO

En un rincón mágico de la poesía, donde las palabras se entrelazan con los sueños y los anhelos, surge "Latidos pendientes", el evocador poemario de Irina Daria M. Con una pluma delicada y una sensibilidad deslumbrante, la autora nos sumerge en un viaje poético que trasciende el tiempo y el espacio.

En estas páginas, Irina Daria M. teje versos llenos de pasión y verdad, revelando los latidos que palpitan en su interior. Cada poema es un susurro íntimo, una ventana hacia el mundo emocional de la autora, donde confluyen la fuerza de sus pensamientos y la belleza de su visión única.

"Latidos pendientes" es un tesoro poético que invita al lector a sumergirse en la riqueza de las palabras y a explorar los confines de su propio ser. A través de metáforas luminosas y una profunda introspección, la autora nos muestra que cada latido es un eco de experiencias, una historia que merece ser contada.

Fénix

De entre las cenizas que el fuego dejó
surge un poeta con la mirada perdida
y un corazón que se siente destrozado
por la tortura que en su mente había.

Las palabras que antes fluían sin cesar
se detuvieron un día, sin explicación,
y el poeta quedó sin poder crear
sin saber cuál era su razón.

El insomnio y la tristeza lo invadieron
la oscuridad se adueñó de su ser
y cada día que pasaba se sentía más perdido
sin saber si algún día volvería a escribir.

Pero una llama se encendió en su corazón
y aunque débil al principio,
fue creciendo con el tiempo,
hasta que pudo volver a sentir la emoción
de crear versos que expresaran su tormento.

Lentamente, el poeta,
resurgió de las cenizas
y con cada verso que escribía,
su alma volvía a sentir la vida
y su mente se llenaba de poesía.

Ya no se sentía solo y perdido
porque las palabras lo acompañaban
y aunque a veces todavía sufría
su corazón encontraba la paz que merecía.

El poeta volvió a hacer poesía
y cada verso que escribía era una victoria
sobre su dolor y su melancolía.

Ahora, su corazón late con fuerza
y su mente vuela libre,
sin cadenas.

Ha aprendido a resurgir de las cenizas
y a transformar su dolor en eterna poesía.

Mente

Mi mente es un desastre
por la falta de sueño,
a veces se le ocurren
cosas fantásticas y hermosas,
que traen nombres, aromas, recuerdos,
y me inunde un viejo sentimiento,
que suelen llamar melancolía.

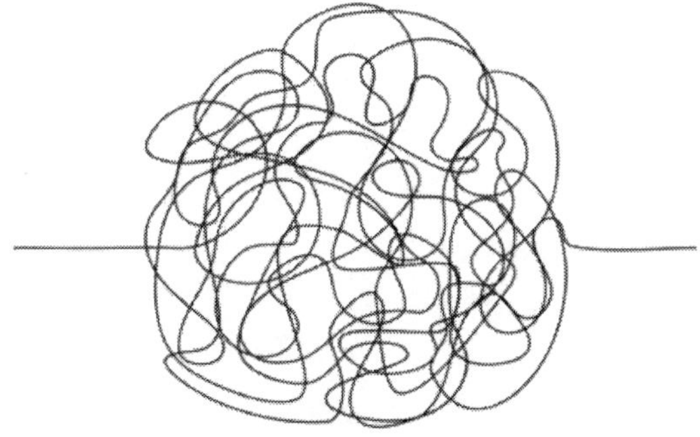

Melancolía

La melancolía se adueña de mi ser
y se apropia de mi alma sin permiso.
Se instala en mi corazón
y no me deja en paz,
se adueña de mis pensamientos,
de mis sueños.

La melancolía es como una sombra
que me persigue a todas partes,
una nube oscura que se posa sobre mí
y no se disipa ni siquiera con el sol.

Me arrastra a un abismo de tristeza
y me sumerge en un mar de lágrimas.
Me hace sentir sola, vulnerable, perdida,
como si hubiera perdido el rumbo de mi vida.

Una maldición
que me persigue sin descanso,
un veneno que corre por mis venas
y que me hace sentir sin ganas de seguir.

Miedo

La soledad es como una niebla
que envuelve todo,
y lo hace desaparecer ante nuestros ojos.
Es el silencio que nos acompaña
en la oscuridad de la noche,
el eco de nuestras palabras
que nadie escucha.

Es el vacío en la habitación,
el hueco en la cama,
la ausencia de risas
y de abrazos.
Es el frío en el corazón,
la tristeza en los ojos,
la sensación de que ya nada tiene sentido.

La soledad es un amigo que no está presente,
una mano que no podemos tocar.
Es una presencia constante
que nos recuerda
que estamos solos en este lugar.

Muerte

La muerte llegó a mi puerta
una tarde fría
y te llevó sin piedad.

Te arrebató de mi vida
como un ladrón en la noche,
dejando un vacío profundo
que nunca se llenará.

La muerte es un misterio,
un enigma sin respuesta,
un final inevitable
que llega sin aviso previo.

Es el final del camino,
el destino final,
y aunque todos sabemos
que llegará,
nunca estamos preparados.

La muerte es una sombra
que se cierne sobre nosotros,
una presencia constante
que nos recuerda nuestra mortalidad.

Es un recordatorio
de la fragilidad de la vida,
de lo efímero y fugaz
que puede ser todo lo que amamos.

La muerte nos deja con un corazón roto,
con una herida que nunca cicatriza del todo.
Nos deja con preguntas sin respuesta,
con un vacío que nada puede llenar.

La Sombra de la Depresión

La depresión es una sombra que me persigue,
una presencia constante que me rodea.
Es un peso en mi alma, una tristeza profunda,
un vacío en mi corazón que nunca se llena.

Es un oscuro abismo que me atrae hacia abajo,
una espiral descendente
que no me permite escapar.
Es una niebla densa que nubla mi mente,
una lluvia fría que empapa mi alma.

La depresión es un demonio que me acecha,
una voz en mi cabeza que me susurra al oído.
Es un enemigo silencioso
que se esconde en las sombras,
un compañero constante que nunca me deja solo.

Es un monstruo de mil cabezas,
cada una llena de miedo y dolor,
una criatura imparable
que me arrastra hacia la oscuridad.
Es un laberinto sin salida, un callejón sin salida,
una trampa mortal de la que no puedo escapar.

La depresión es una carga
que llevo en mi espalda,
un lastre que me pesa día tras día.
Es una cicatriz en mi alma,
una herida que nunca sana,
un dolor que nunca
desaparece del todo.

La Prisión de la Anorexia

Es una cárcel de huesos y piel,
una prisión en la que me he encerrado.
Es un abismo oscuro que me atrae,
una voz en mi cabeza que me susurra al oído.

Es una lucha constante
entre la razón y la obsesión,
una batalla diaria que nunca termina.
Es una tortura silenciosa que nadie ve,
un dolor que nadie puede entender.

La anorexia es un monstruo que me devora,
un enemigo interno que me consume día tras día.
Es un vacío en mi estómago,
un dolor en mi alma,
una tristeza profunda
que nunca desaparece del todo.

Es un espejo que me devuelve
una imagen distorsionada,
una mentira que me hace creer
que nunca seré suficiente.
Es una carrera hacia la perfección,
hacia la delgadez extrema,
una obsesión que me arrastra
hacia la locura.

La anorexia es un veneno
que se infiltra en mi mente,
una voz que me dice
que nunca seré suficiente.
Es una jaula de huesos y piel,
una prisión que yo misma construí,
una enfermedad que me devora sin piedad.

Es una herida abierta,
una cicatriz que nunca sana,
un dolor que siempre estará presente en mi vida.
Es una batalla constante, una lucha sin fin,
una enfermedad podrida
que no me deja vivir.

El Dolor que No se Va

Cada noche,
cuando el mundo está en silencio,
y la oscuridad envuelve mi habitación,
me encuentro sola,
enfrentándome a mi dolor,
a la tentación de hacerme daño de nuevo.

Las cuchillas se esconden en mi cajón,
llamándome con su brillo oscuro,
diciéndome que el alivio
está al alcance de mi mano,
que el dolor que me consume
desaparecerá.

Y es difícil resistir,
cuando la tristeza me invade,
cuando la soledad me abraza y me hunde,
cuando la desesperación se adueña de mi mente,
y el dolor emocional parece demasiado grande
para soportar.

Así que tomo la cuchilla y la paso por mi piel,
sintiendo el corte y la liberación que sigue,
y aunque sé que está mal,
que no me estoy curando,
no puedo evitar sentirme
un poco mejor.

Pero el alivio es efímero,
y pronto el dolor regresa,
junto con la culpa y la vergüenza
por lo que he hecho.

Así que me encuentro atrapada,
en un ciclo interminable,

en una lucha que parece no tener fin,
en un dolor que no se va,
incluso después de que las heridas
hayan sanado.

La Carga de la Mente

La mente es un campo de batalla,
donde la oscuridad se enfrenta a la luz,
donde la alegría y la tristeza se entremezclan,
y donde la lucha diaria puede ser una carga pesada.

Las voces en mi cabeza nunca callan,
susurrando palabras de desesperación y dolor,
trayendo recuerdos de momentos difíciles,
y dejándome atrapada
en un remolino de tristeza y temor.

Intento luchar contra ellas,
pero es una batalla sin fin,
una lucha que parece estar en mi contra,
y aunque trato de ser fuerte, de no dejarme vencer,
a veces siento que mi mente está más allá de mi control.

La depresión me arrastra hacia abajo,
haciéndome sentir como si estuviera
en un pozo sin fondo,
y la ansiedad me ata en nudos,
haciéndome sentir atrapada y sin salida.

La carga de la salud mental es pesada,
y a menudo me siento
como si fuera una carga para los demás,
una carga que no pueden soportar,
y que me hace sentir aún más sola en este mundo.

La Pérdida de la Felicidad

La felicidad solía ser mi compañera constante,
una luz brillante que siempre me guiaba,
pero ahora se ha ido,
dejándome atrás en la oscuridad,
y me pregunto si alguna vez a mi lado volverá.

¿Dónde se fue la felicidad que solía conocer?
¿Por qué me dejó sola en esta tristeza sin fin?
La busco en cada rincón, en cada pensamiento,
pero parece haber desaparecido sin dejar rastro.

Solía reír con facilidad,
disfrutar de los pequeños detalles,
pero ahora todo parece opaco, sin sentido ni sabor,
cada día es una carga pesada, una lucha constante,
y me pregunto si algún día volveré a sentir su calor.

La pérdida de la felicidad
es como perder un amigo cercano,
duele en lo más profundo de mi ser,
y aunque intento seguir adelante,
no puedo evitar preguntarme,
si alguna vez volveré a encontrar
la felicidad en mi vida otra vez.

Tal vez algún día encuentre
un rayo de esperanza,
que me lleve de vuelta a un mundo de alegría
y de amor,
pero por ahora estoy atrapada
en esta tristeza eterna,
esperando por la felicidad
que una vez conocí.

La Recaída

Pensé que te había superado,
que había dejado atrás la obsesión
por la comida y la talla,
pero la recaída llegó sin previo aviso,
y de repente me vi atrapada en una espiral
de dolor y sufrimiento.

La comida que solía ser mi amiga,
se convirtió en mi enemiga mortal una vez más,
y cada bocado era una batalla que debía ganar,
un desafío que me enfrentaba a mí misma y a mis
miedos.

Las reglas y restricciones
volvieron a mi vida,
y de repente me encontré
contando calorías otra vez,
evaluando cada bocado que iba a tomar,
y sintiéndome culpable por cada pequeño "error".

La ropa volvió a ser mi enemiga,
y mi cuerpo un enemigo que debía vencer,
y aunque intenté luchar,
intenté salir adelante,
la recaída me había atrapado en su red.

La tristeza y la desesperación
se apoderaron de mí,
y me sentí sola y sin salida,
como si estuviera luchando
una batalla perdida,
y sin saber si algún día
podría recuperarme.

El oscuro abismo

Deambulando por las calles vacías,
mi mente en un torbellino de dolor,
cargando el peso de la soledad,
y la tristeza que me devora el corazón.

La vida me parece un sueño lejano,
y cada paso que doy es como un eco,
mi existencia no tiene sentido alguno,
y la muerte parece el mejor desenlace.

Las sombras me rodean y me asfixian,
los pensamientos se agolpan en mi mente,
y cada latido de mi corazón es un tormento,
que me hace desear el fin de mi existencia.

Las lágrimas caen de mis ojos sin cesar,
mientras mi cuerpo tiembla con violencia,
y la oscuridad se apodera de mi ser,
como si me arrastrara a un abismo.

Buscando desesperadamente una salida,
me sumerjo en el oscuro abismo,
hasta que la muerte me parezca un alivio.

El adiós

La muerte se lleva a quien más amamos,
nos deja con el corazón hecho pedazos,
un vacío que no se puede llenar,
y un dolor que no deja de martillar.

Los recuerdos se agolpan en nuestra mente,
y nos aferramos a ellos con fuerza,
como si fueran la única forma de mantener viva,
la memoria de aquellos que ya no están.

La tristeza nos abraza con fuerza,
y nos sumerge en un mar de lágrimas,
que no cesan de caer como un torrente,
y que nos hacen sentir más solos que nunca.

El tiempo parece detenerse,
y cada día es un suplicio sin fin,
un recordatorio constante de que se han ido,
y de que nunca volverán a nuestro lado.

El silencio se hace más ensordecedor,
y el vacío más profundo,
mientras nos preguntamos una y otra vez,
por qué tuvo que ser así, por qué se fueron.

Pero a pesar de todo, seguimos adelante,
con el corazón lleno de cicatrices y dolor,
buscando la fuerza para seguir adelante,
y para encontrar algún sentido a nuestra existencia.

Quizás algún día logremos comprender,
por qué la muerte se lleva a quienes más amamos,
o quizás no, y tengamos que conformarnos,
con el dolor y la tristeza que nos han dejado.

Pero aunque el adiós sea un dolor
que nos acompaña,
siempre quedará la huella
de aquellos que se han ido,
en nuestros corazones
y en nuestra memoria,
y nunca los olvidaremos,
aunque la muerte nos separe.

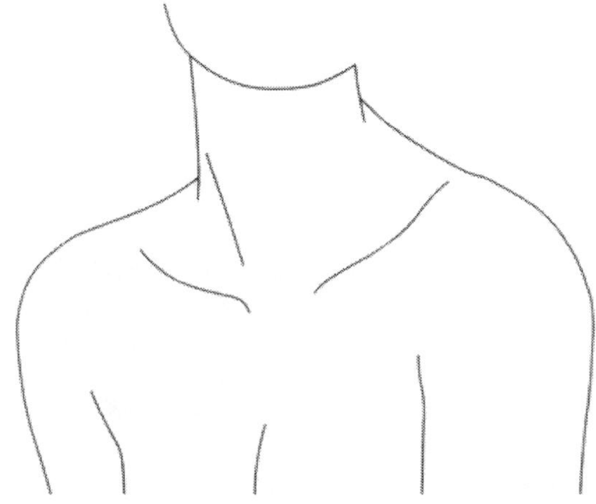

Querida ansiedad,

No puedo negar que has sido una gran parte de mi vida. A veces me has abrumado con tu presencia, y otras veces me has dejado en paz. Has estado presente en cada uno de mis altibajos, incluso cuando trato de ignorarte. A menudo siento que me agotas, como si tuvieras la intención de agotar mis recursos hasta el límite.

A menudo me siento atrapada en una especie de bucle infinito cuando estás cerca. Siempre hay algo que no he hecho lo suficientemente bien, algo que he olvidado, algo que debería haber dicho, algo que debería haber hecho. Me haces pensar en el pasado, en el presente y en el futuro, a veces todo al mismo tiempo. Me haces preocuparme por cosas que aún no han sucedido, y me haces temer por cosas que no deberían ser una amenaza.

No puedo evitar sentir que a menudo eres un lastre en mi vida, pero al mismo tiempo, sé que no puedo simplemente deshacerme de ti. Sé que eres parte de mí, y que siempre lo serás. Pero espero poder encontrar un equilibrio, una forma de coexistir contigo sin sentir que me estás controlando.

Así que te pido, ansiedad, que me des un poco de espacio. Te prometo que siempre te tendré en cuenta, que siempre escucharé lo que tienes que decir, pero también te pido que me permitas vivir mi vida sin sentir que siempre estoy bajo tu control.

Con cariño,
Tu prisionera

Querida depresión,

Hemos estado juntos por un tiempo, ¿no es así? Demasiado tiempo. A veces siento como si estuvieras pegada a mi piel, como si nunca pudiera escapar de tu influencia. Me has arrastrado por lo más profundo de tu pozo oscuro y me has hecho sentir como si no hubiera esperanza. Me has hecho sentir que nunca seré suficiente, que nunca podré superar mi pasado.

Pero sé que eso no es verdad. Tú, depresión, eres una mentirosa. Me has hecho creer en cosas que simplemente no son ciertas, y me has hecho creer que nunca seré feliz.

No puedo negar que has tenido un gran impacto en mi vida. Me has quitado la motivación, la energía y la alegría, y a menudo me has hecho sentir como si no pudiera soportar el dolor. Pero aunque a veces me sienta completamente atrapada en tu espiral de oscuridad, sé que no serás para siempre.

Quiero que sepas, depresión, que aunque no puedo deshacerme de ti por completo, no eres mi dueña. No tienes el poder de controlar cada aspecto de mi vida, aunque a veces parezca que sí.

Así que te pido, depresión, que me des un respiro. Quiero encontrar la luz al final del túnel, y sé que tú eres una gran parte de la razón por la que esa luz es difícil de encontrar. Haciéndome creerla inexistente.

Con cariño,
Tu prisionera

La noche se alza

La noche se alza como un manto oscuro,
se extiende en el horizonte infinito
y la soledad, cual frío viento duro,
se adueña de mi ser en este recinto.

No hay sonidos, no hay voces, no hay latidos,
sólo el silencio y mi propia existencia,
y el peso de mis miedos y mis olvidos,
que me arrastran a una triste demencia.

En esta noche eterna, que no acaba,
me pierdo entre las sombras y el vacío,
y el tiempo se detiene en cada lágrima,
que rueda por mi rostro con desafío.

Es la soledad mi compañera fiel,
que me envuelve en su abrazo sin piedad,
y mi alma se desgarra como un papel,
que el viento arrastra hacia la oscuridad.

Aunque trato de luchar, no hay salida,
sólo la noche y mi propia agonía,
y la soledad que se hace más intensa,
como un eco que no tiene finalía.

Y así me sumerjo en la noche fría,
sin saber si algún día amanecerá,
y en mi soledad, busco una salida,
un camino que a la luz me llevará.

Pero la noche sigue siendo eterna,
y la soledad, mi única amiga,
y mi alma, prisionera en su caverna,
busca en la noche una salida digna.

En la noche cuando todo calla

En la noche, cuando todo calla,
y las sombras se hacen más densas,
mi alma se pierde en su propia batalla,
y la soledad se hace más intensa.

La oscuridad me envuelve como un manto,
y el silencio me atrapa sin piedad,
y mi corazón se hace un mar de llanto,
que busca en vano la felicidad.

En la noche, cuando todo es silencio,
mi alma se pierde en su propia tristeza,
y la soledad se vuelve un cruel incendio,
que quema sin cesar mi delicadeza.

La noche es un abismo oscuro y frío,
en el que mi alma se pierde sin salida,
y la soledad es mi única amiga,
en este mundo que me parece vacío.

En la noche, cuando todo es oscuridad,
y mi alma se hace más vulnerable,
la soledad se vuelve mi realidad,
y mi corazón se hace más miserable.

La noche es un laberinto sin fin,
en el que me pierdo sin encontrar salida,
y la soledad es mi única compañía,
en este mundo en el que ya no creo en mí.

En la noche, cuando todo se detiene,
y mi alma se sumerge en su dolor,
la soledad se vuelve un mar sin orillas,
que arrastra sin piedad mi corazón.

La noche es un infierno de mi ser,
en el que mi alma se quiebra sin cesar,
y la soledad es mi única verdad,
en este mundo que parece desolado ya.

En la noche, cuando todo es sombra,
y mi alma se pierde en su propia oscuridad,
la soledad se vuelve un abismo sin fondo,
en el que mi corazón se pierde sin piedad.

La noche es una triste realidad,
en la que mi alma se ahoga
en su propia soledad,
y la soledad es mi única compañía,
en este mundo que ya no tiene salida.

Te fuiste sin decir adiós

Te fuiste sin decir adiós,
dejando mi corazón destrozado,
en pedazos como un cristal,
que se hace añicos con un solo golpe.

No hubo palabras ni explicación,
solo un vacío que me dejaste,
un silencio que gritaba tu partida,
y una tristeza que no me abandona.

El recuerdo de tus ojos se desvanece,
y tus caricias ya son solo un sueño,
mi corazón se siente solo y perdido,
y la soledad me abraza en un frío abrazo.

El tiempo no borra el dolor,
solo lo hace más profundo,
y mi corazón se siente cada vez más herido,
con el vacío que me dejaste al partir.

Me queda solo el eco de tu voz,
y el recuerdo de tus besos,
tu perfume que aún me acompaña,
y tu sombra que no me abandona.

Te fuiste sin decir adiós,
y mi corazón se siente vacío,
anhelando tu presencia y tu amor,
y la esperanza de que algún día regreses.

Pero sé que ya no volverás,
y que mi corazón seguirá roto,
viviendo con el dolor de tu ausencia,
y con la tristeza de tu partida.

El adiós de un amor que se fue,
es el dolor más profundo que se siente,
y aunque el tiempo pase y la vida siga,
mi corazón seguirá llorando tu partida.

Mis sentimientos se han secado

Mis sentimientos se han secado,
mi alma está en un desierto vacío,
y mi corazón late sin pasión,
como un reloj que sigue
su camino sin sentido.

La vida parece un escenario vacío,
donde los actores han desaparecido,
y solo queda el eco de las risas y los llantos,
que se han quedado atrapados en el silencio.

Mi mente es una nebulosa sin rumbo,
donde las palabras se pierden en la niebla,
y los pensamientos se ahogan en la oscuridad,
como barcos que naufragan en la tormenta.

El bloqueo emocional me ha robado la luz,
y me ha dejado en la oscuridad del dolor,
sin poder expresar lo que siento,
sin poder encontrar el camino de regreso.

No sé cómo he llegado a este lugar,
donde todo parece gris y sin sentido,
donde las emociones están encerradas,
y la tristeza y el dolor son los únicos que habitan.

Quiero volver a sentir el calor del sol,
el sabor de la vida en mi boca,
quiero liberar mi corazón del bloqueo,
y sentir de nuevo la emoción de estar vivo.

Es una cárcel,
una prisión que me mantiene atrapado,
sin poder encontrar la salida,
sin poder romper las cadenas que me sujetan.

La noche cae pesadamente

La noche cae pesadamente,
como una losa de dolor,
y el insomnio me mantiene despierto,
en esta habitación solitaria y sin amor.

Las estrellas brillan en el cielo,
como pequeñas lucecitas titilantes,
pero para mí, sólo son destellos fríos,
que me recuerdan mi soledad constante.

La luna llena ilumina la noche,
pero su luz no llega a mi corazón,
y me siento como un barco a la deriva,
sin un puerto al que llamar hogar.

Las horas pasan lentamente,
mientras la tristeza me abraza,
y mi mente se adentra en la oscuridad,
como un camino que no tiene fin.

El insomnio es mi compañero fiel,
en estas noches sin sueño,
y me mantiene despierta y alerta,
en un mundo que parece ajeno.

La tristeza se cierne sobre mí,
como un manto de dolor y pesar,
y me envuelve en su abrazo frío,
sin dejarme escapar.

Me siento como un náufrago en el mar,
sin un lugar donde aferrarme,
sin un rumbo que seguir,
y con el corazón hecho pedazos.

La noche es mi enemiga,
en esta lucha sin cuartel,
contra mi propio dolor,
y mi insomnio sin final.

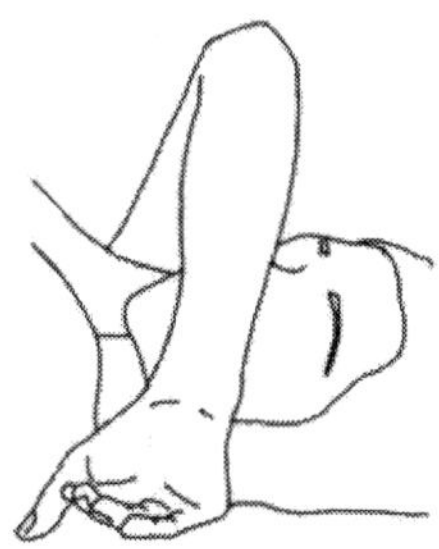

Todo a mi alrededor parece irreal

Todo a mi alrededor parece irreal,
como si estuviera viviendo en un sueño,
y mi mente se adentra en una neblina,
que me deja sin rumbo ni dirección.

La gente camina y habla a mi alrededor,
pero sus voces suenan huecas y vacías,
y todo lo que veo y siento parece,
lejano y distante, sin verdadera vida.

Me siento atrapada en una jaula,
en un mundo que no es el mío,
y aunque trato de escapar,
siempre me encuentro atrapada
en el mismo lugar.

La desrealización es mi cárcel,
y no puedo escapar de ella,
me siento perdida en un laberinto sin fin,
sin saber qué camino tomar para salir.

La vida me parece una ilusión,
y mi mente no encuentra la salida,
estoy atrapada en mi propia confusión,
y no sé cómo romper esta triste realidad.

Me siento sola en medio de la multitud,
como si no perteneciera a este mundo,
y mi corazón se siente vacío,
sigo sin encontrar la felicidad que anhelo.

La desrealización es un monstruo,
que me persigue sin descanso,
y aunque trato de luchar contra ella,
siempre me gana la partida.

Quiero escapar de esta pesadilla,
volver a la realidad que perdí,
La desrealización me mantiene cautiva,
en un mundo en el que no quiero vivir.

Mi mente se adentra

En la oscuridad de la noche,
mi mente se adentra,
en un abismo sin fin de dolor y tristeza,
donde la depresión y la soledad me atrapan,
y no encuentro la forma de escapar.

Mis pensamientos se enredan en mi mente,
y no puedo encontrar la salida,
me siento atrapada en mi propia oscuridad,
en una prisión de la que no puedo escapar.

La tristeza me consume como una llama,
que quema mi alma sin piedad,
y mi corazón se siente pesado y frío,
como si estuviera muerta en vida.

La soledad es mi compañera constante,
en esta noche eterna que no tiene fin,
y aunque trato de encontrar una salida,
me siento atrapada en mi propio laberinto.

La depresión me golpea sin piedad,
y no puedo encontrar el camino hacia la luz,
me siento perdida en mi propia oscuridad,
en una noche que no tiene fin.

Mis lágrimas son mi única compañía,
en medio de la tristeza y el dolor,
y mi corazón se siente vacío,
porque no puedo encontrar
la felicidad que tanto anhelo.

La depresión es un monstruo
que me persigue,
y no me deja

encontrar la paz,
y aunque trato de luchar contra ella,
siempre me gana la partida.

La soledad es mi compañera constante,
en esta noche fría y oscura,
y aunque trato de encontrar una salida,
me siento atrapada en mi propio laberinto.

Viento Frío

En la oscuridad de la noche
Solo el humo del cigarro
Me acompaña en mi soledad
Mientras las horas pasan sin cesar.

Un viento frío sopla en mi rostro
Y los pensamientos vienen y van
Como el humo que se eleva hacia el cielo
Buscando algún lugar donde descansar.

La luz de la luna brilla en mi ventana
Y me hace sentir aún más vacía
Mientras sigo fumando y sintiendo
Cómo se escapa mi vida poco a poco.

El humo se eleva hacia el cielo
Como una oración sin respuesta
Mientras mi corazón se desangra
Y mi alma sigue perdiendo la fuerza.

En medio de esta soledad infinita
Solo encuentro el consuelo en el cigarro
Y en el humo que se escapa de mis labios
Como si quisiera llevarse mi dolor.

El humo se desvanece en el aire
Y yo sigo aquí, atrapada en mi dolor
Sin saber cómo salir de esta oscuridad
Que me consume sin piedad.

Sigo fumando en la noche
Dejando que el humo me envuelva
Mientras espero que algún día
La luz vuelva a mi vida.

La Luna es testigo

La luna brilla con un resplandor frío
Iluminando la soledad y el silencio
Que me rodea en este mundo vacío.

La luna es testigo de mis penas
Y me acompaña en mi dolor
Mientras las estrellas brillan en el cielo
Como lágrimas que caen sin cesar.

La luz plateada de la luna
Refleja mi tristeza y desesperación
Mientras el silencio me envuelve
Y me sumerge en la desolación.

La luna sigue brillando en la noche
Como un faro en medio de la oscuridad
Pero su luz no puede iluminar mi alma
Que sigue sumida en la soledad.

En la noche, bajo el manto de la luna
Me siento perdida y abandonada
Mientras mi corazón se desangra
Y mi alma se deshace en pedazos.

La luna es mi única compañera
En este mundo sin rumbo ni dirección
Y me hace sentir que hay algo más allá
De esta tristeza y desolación.

Manto Oscuro

La noche me envuelve en su manto oscuro,
y la tristeza me abraza con fuerza,
siento cómo se adueña de mi mente,
y me sumerge en la más profunda tristeza.

El silencio es mi compañero en esta noche,
y el vacío se expande en mi pecho,
siento la ausencia de todo aquello que amaba,
y me pregunto si alguna vez volveré a sentirlo.

La luna brilla en lo alto del cielo,
y me observa con su luz plateada,
me hace recordar aquellos momentos felices,
que ahora parecen tan lejanos y tan ajenos.

La tristeza me consume como un fuego ardiente,
y me hace sentir que nunca podré escapar,
me ahoga en su abrazo sin dejar escapatoria,
y me hace sentir que ya no puedo más.

En esta noche fría y solitaria,
me doy cuenta de que la felicidad se ha ido,
y que la tristeza ha tomado su lugar,
y me pregunto si algún día ella volverá.

La oscuridad de la noche me envuelve,
y la tristeza me hace su prisionera,
me sumerge en un mar de dolor y lágrimas,
y me hace sentir que nunca podré escapar.

Se cierne sobre mí

La noche se cierne sobre mí
y la tristeza me abraza fuerte,
es como si estuviera sola
en un universo vacío y desolado.

Mi mente está llena de pensamientos oscuros,
que me consumen por dentro,
no puedo escapar de ellos,
y la soledad me envuelve en un abrazo frío.

La luna brilla en el cielo,
y aunque su luz me reconforta un poco,
sé que es efímero y pronto desaparecerá,
dejándome en la oscuridad una vez más.

La noche parece infinita,
y el insomnio me mantiene despierta,
con el corazón roto y la mente cansada,
me sumerjo en un abismo de dolor y tristeza.

Intento luchar contra la oscuridad,
pero la tristeza y la soledad
me arrastran hacia abajo,
y me siento atrapada en un laberinto sin salida,
donde la luz se desvanece
y la esperanza desaparece.

¿Cómo puedo escapar de esta noche interminable,
de esta tristeza que me consume por dentro?
¿Cómo puedo encontrar la fuerza
para seguir adelante,
cuando todo parece perdido?

Insomnio

El insomnio me desvela en la noche,
la oscuridad es mi única compañía,
mi mente inquieta no me permite dormir,
y mi cuerpo cansado solo quiere morir.

Las horas pasan y yo sigo despierta,
tratando de encontrar la calma,
pero la ansiedad me invade y me perturba,
haciendo que mis pensamientos me agiten el alma.

¿Por qué me cuesta tanto conciliar el sueño?,
¿por qué mi mente no me deja en paz?,
siento que estoy atrapada
en una espiral de insomnio,
y no sé escapar.

La noche se hace larga y tediosa,
los minutos se vuelven eternos,
y yo sigo aquí, atrapada en mi propio tormento,
luchando contra el cansancio y la tristeza.

Quizás el alba me traiga el alivio que necesito,
o quizás siga luchando en esta batalla sin fin,
pero por ahora solo me queda esperar,
y soportar el peso de esta carga que me consume.

El insomnio es mi enemigo en la noche,
y la soledad es mi fiel compañera,
juntos nos sumergimos en esta tristeza.

Distimia

Siento el peso de la tristeza
en mi alma, día tras día,
y aunque intento liberarme
de esta oscura melancolía,
me aferro a esta tristeza
que me acompaña en mi agonía.

Mis días se vuelven grises,
sin importar el sol que brille,
y mi alma se siente perdida
en un mar de dolor y enojo,
en donde el tiempo se detiene
y el mundo se vuelve un antojo.

Me cuesta sonreír y reír,
y la alegría me parece lejana,
pues mi corazón está herido
por una herida que no sana.
Y aunque intento levantarme,
mi alma siempre vuelve a caer.

Me siento sola y abrumada
en un mundo lleno de gente,
y aunque intento conectar
con los demás, no lo consigo,
pues mi alma se siente aislada
en este mundo tan frío.

La distimia me consume,
y aunque intento luchar,
siento que cada día
me alejo más de la felicidad.

No quiero

No quiero volver a amar,
porque sé lo que duele,
lo que significa abrir mi corazón
y dejar que alguien lo vea vulnerable,
dejar que alguien tenga el poder
de hacerme daño otra vez.

No quiero volver a amar,
porque ya he sufrido demasiado,
he visto cómo el amor se convierte en dolor
y la esperanza en desesperación,
cómo la ilusión de la felicidad
puede convertirse
en la más profunda tristeza.

No quiero volver a amar,
porque la soledad me hace sentir segura,
me protege de cualquier peligro,
de cualquier herida,
pero también me hace sentir vacía
y sin rumbo, sin un propósito en la vida.

Pero por ahora, seguiré sola,
viviendo mi vida en un mundo de melancolía

La noche llega

La noche llega a mí con su manto oscuro,
y el silencio envuelve mi alma en su abrazo.
Las estrellas brillan en el cielo lejano,
mientras la soledad se apodera de mi ser.

El viento susurra una triste melodía,
que me hace recordar tiempos lejanos.
Un tiempo en el que no me sentía sola,
y la vida parecía más brillante.

Ahora estoy sola en la noche oscura,
con la tristeza como única compañía.
Me siento perdida en el infinito universo,
sin nadie a quien contarle mi dolor.

Intento encontrar una salida a mi angustia,
pero todo parece estar en mi contra.
Los recuerdos me abruman como una carga,
y mi corazón se siente como una roca.

Tintineo de los pensamientos

En la soledad de la noche,
con el humo del cigarro
y el tintineo de los pensamientos
que se agolpan en mi mente.

La oscuridad me envuelve,
y el silencio es mi compañero.
El tiempo deja de existir,
y el mundo se detiene.

Mis lágrimas se confunden
con el humo del cigarro,
y el dolor de mi alma
se hace presente una vez más.

Mi corazón se siente vacío,
anhelando un amor que no llega,
buscando una luz en la oscuridad,
en la soledad de la noche.

El humo del cigarro se dispersa,
y con él se van mis sueños,
mis ilusiones y mi esperanza,
de encontrar un camino hacia la felicidad.

En la soledad de la noche,
me siento perdida y abandonada,
sin una mano que me guíe,
sin un amor que me abrace.

El humo del cigarro se desvanece,
y con él se va mi soledad.
Pero la tristeza sigue presente,
en la oscuridad de mi ser.

Sin mañana

Se desvaneció la ilusión
de un sueño por cumplir,
se esfumó la esperanza
y en su lugar quedó el vacío
de lo que pudo ser
y no fue.

El futuro se oscureció
y el presente se nubló,
la sonrisa se borró
y en su lugar quedó el llanto
de lo que fue
y ya no es.

Se perdió la fe
en el mañana por venir,
se apagó la llama
y en su lugar quedó la oscuridad
de lo que se fue
y nunca más volverá.

La ilusión se desvaneció
como un castillo de naipes
ante la más mínima brisa,
y el sueño se desvaneció
como una burbuja de jabón
al tocar la realidad.

El vacío se hizo dueño
de un corazón quebrado,
y la tristeza se hizo cómplice
de una mente perdida,
que busca sin encontrar
el camino de vuelta.
Se desvaneció la ilusión,

y en su lugar quedó el dolor,
de lo que pudo ser
y no fue.

Ahora solo queda seguir
en un camino incierto,
buscando la luz en la oscuridad,
y un nuevo sueño por cumplir,
que ilumine el corazón
y dé razón para vivir.

Un corazón que late roto

Un corazón que late roto,
cargando un peso que no puede sostener,
un dolor profundo que no puede explicar,
una tristeza que no puede contener.

¿Cómo sanar una herida que sangra
y no se puede ver?
¿Cómo aliviar un dolor que no tiene fin
y no se puede entender?

Los días se vuelven monótonos,
las noches eternas y frías,
las sonrisas se desvanecen
y las lágrimas se hacen compañía.

El amor se convierte en una ilusión perdida,
un sueño que no se puede alcanzar,
un recuerdo doloroso que no se puede borrar,
una esperanza que no se puede renovar.

El tiempo pasa, pero el dolor no se desvanece,
las cicatrices permanecen,
los recuerdos no se desvanecen,
la tristeza no desaparece.

Un corazón dolido busca una salida,
un camino que lo lleve a la libertad,
un bálsamo que cure su herida,
un rayo de luz que ilumine su oscuridad.

Pero mientras tanto,
sólo queda la soledad,
el silencio y el vacío
que acompañan al corazón herido.

En la oscuridad de la noche,
el corazón roto llora su dolor,
buscando una salida a su agonía,
anhelando encontrar el amor.

Sombras y Silencios

Entre sombras y silencios
me siento sola en la noche,
la luna llena mi habitación
con su triste y melancólico derroche.

Un corazón dolido en mi pecho,
una tristeza profunda en mi alma,
mis pensamientos en un barbecho,
en un mundo que nunca calla.

El viento agita las cortinas,
y la oscuridad me acaricia,
miro a la luna y sus luces divinas,
y el corazón en mi pecho se enfría.

Sigo aquí en mi soledad,
con el humo de un cigarro en la mano,
pensando en lo que pudo ser y no fue,
en lo que se ha ido y no regresará.

La noche es mi única amiga,
la luna mi confidente más fiel,
en el cielo estrellado veo la salida,
aunque siento que no es mi papel.

Y así, en la soledad de la noche,
con el corazón dolido y tristeza,
sigo esperando el amanecer,
y que mi corazón vuelva
a encontrar la belleza.

Noches de insomnio

Cuando el sol se oculta tras el horizonte
y la noche se hace dueña de mi ser,
comienza mi mente a dar vueltas
y me sumerge en un mar
del que no sabe volver.

Las horas pasan lentas y pesadas,
los minutos se convierten en eternidad,
y yo sigo aquí, en la oscuridad,
en la soledad de mi alma y mi corazón.

La tristeza me abraza con fuerza
y me sumerge en una profunda depresión,
las lágrimas surcan mi rostro
y mi alma se ahoga en la desesperación.

¿Por qué no puedo dormir?
¿Por qué mi mente no me deja en paz?
Sigo buscando respuestas en la oscuridad,
en la oscuridad de la noche,
en mi propia soledad.

Mi corazón late con fuerza,
pero no encuentro consuelo en su ritmo,
sólo siento el vacío que me envuelve,
el vacío del dolor.

En la soledad de la noche,
mi mente se hace más clara y consciente,
veo con claridad la triste realidad,
que mi vida no tiene sentido, ni futuro,
ni esperanza.

La noche se hace más larga,
el insomnio se hace más intenso,

sólo quiero dormir y olvidar,
olvidar la soledad, el dolor, la tristeza.

La noche sigue su curso,
y yo sigo aquí, en la oscuridad,
en la soledad de mi alma y mi corazón,
en la soledad de la noche y del dolor.

Cansancio mental

Cada día se siente más pesado,
la mente se nubla, el corazón cansado,
la tristeza y el miedo se apoderan de mí,
y me sumergen en una oscuridad sin fin.

No hay razón aparente para este dolor,
que me hace sentir tan frágil y sin valor,
las lágrimas caen como un río sin control,
y no sé cómo salir de esta opresión.

La mente se niega a descansar,
y la ansiedad no me deja respirar,
me siento como un barco sin rumbo en el mar,
y no encuentro la manera de escapar.

No hay nada que me haga feliz,
y el mundo parece un lugar gris,
la tristeza se adueña de mi mente y mi ser,
y no sé cómo volver a ser.

El cansancio mental me consume,
y la oscuridad me abruma,
no encuentro la luz que me guíe,
y la soledad me hace su prisionera.

¿Cuándo terminará esta tristeza,
y podré volver a tener fortaleza?
¿Cuándo podré volver a sonreír,
y sentir que mi alma puede vivir?

Corazón dolido

Un corazón dolido, un alma en pena
un mar de lágrimas, una noche serena
un abismo profundo, un vacío sin fin
una herida abierta, un alma en jardín.

La tristeza se adueña, la luz se apaga
la soledad acompaña, la vida se apaga
los recuerdos atormentan, el pasado duele
la esperanza se esfuma, el futuro se niega.

Un corazón dolido, una alma en pedazos
un mar de recuerdos, un vacío en el ocaso
una batalla constante, un dolor sin fin
un alma en la oscuridad, un cuerpo sin fin.

El tiempo avanza, pero el dolor persiste
la vida sigue, pero el corazón resiste
los días pasan, pero el dolor se ancla
la tristeza abraza, el alma se desgarra.

Las lágrimas brotan, la herida sangra
el alma se desgarra, la vida se apaga
la tristeza se adueña, la oscuridad reina
la esperanza se aleja, la fe se desvanece.

Un corazón dolido, un alma en tinieblas
un mar de dolor, un vacío sin respuesta
una luz que se apaga, un adiós sin fin
un alma en la tristeza, un corazón sin fin.

La vida es un camino

La vida es un camino que a veces nos lleva
por caminos oscuros y llenos de tristeza,
y aunque sabemos que hay luz al final,
la falta de esperanza nos hace dudar.

¿Cómo seguir adelante
cuando nada parece importar?
¿Cómo recuperar la ilusión
cuando la tristeza nos hace desmayar?

Las risas se desvanecen
y las lágrimas nos inundan,
el mundo se vuelve oscuro
y la luz se desvanece en la nada.

La pérdida de ilusión
es como una herida abierta,
que nos hace sentir vacíos
y sin fuerzas.

Nos sentimos solos
y sin rumbo en este mundo,
nuestros sueños y anhelos
parecen perdidos
en el abismo profundo.

Ciudad

Bajo la luna, en la oscuridad,
me siento sola en esta ciudad.
La tristeza me envuelve en su manto,
y me hace sentir como un esclavo.

La noche es larga y el insomnio ataca,
mi mente divaga y se desenfoca.
Recuerdo aquellos días llenos de felicidad,
ahora solo queda la oscuridad.

La luna brilla en lo alto del cielo,
y yo me siento perdida, sin consuelo.
El silencio es mi único compañero,
y mi corazón está agotado y austero.

Las estrellas parpadean en el cielo,
como si quisieran hacerme compañía en mi duelo.
Pero no es suficiente, necesito más,
necesito el calor de un abrazo y paz.

La soledad me acecha y me oprime,
no hay escapatoria, no hay que la desvíe.
La tristeza es mi único consuelo,
y me hace sentir como un desvelo.

La noche es larga y el día está lejos,
mi corazón se siente triste y perplejo.
Pero espero que pronto amanezca,
y mi alma de esta tristeza florezca.

Callejones Vacíos

Una ciudad sola en la noche oscura,
callejones vacíos, luces apagadas,
el sonido del viento que apenas murmura
y una sensación de tristeza inexplicada.

Los edificios se alzan altos y fríos,
como si quisieran tocar el cielo,
pero el silencio reina en los vacíos,
y el eco de mis pasos es lo único
que escucho en su suelo.

En esta ciudad que nunca duerme,
la soledad es mi única compañía,
y la tristeza se adueña de mi mente,
en esta oscuridad que parece infinita.

Las calles parecen susurrar historias,
de amores perdidos y sueños rotos,
y yo sigo caminando
sumida en mi propia memoria,
recordando momentos que ya se han ido.

La luna llena ilumina mi camino,
y su luz pálida me lleva a la esperanza,
pero la tristeza me golpea de nuevo,
y mi alma se siente cansada y sin ganas.

Esta ciudad sola en la noche oscura,
parece que me llama con su voz suave,
pero yo sigo caminando con mi amargura,
buscando una luz que me saque
de este triste paisaje.

Sigo andando sin rumbo fijo,
con la tristeza latente en mi corazón,

buscando en esta ciudad solitaria un abrigo,
que cure mi alma de esta dolorosa sensación.

Noche oscura y fría

Noche oscura y fría,
me abrazas con tu soledad,
mis pensamientos se pierden
en la negrura de tu inmensidad.

Las estrellas brillan en el cielo,
pero en mi corazón no hay luz,
todo es oscuridad y silencio,
tristeza que no tiene fin ni cruz.

La luna llena me mira desde arriba,
testigo silencioso de mi dolor,
sus rayos plateados iluminan la noche,
mostrando mi soledad sin pudor.

En este mundo oscuro y vacío,
mis lágrimas no tienen compañía,
solo el viento que sopla frío,
me susurra su lamento cada día.

La noche se hace larga y eterna,
y mi alma cansada y perdida,
anhela un poco de dulce luz,
para alejar la tristeza de mi vida.

Pero la soledad me sigue acompañando,
en este oscuro sendero de dolor,
y aunque busco el camino de vuelta,
no logro encontrar la salida, ni el amor.

Sigo vagando en la noche oscura,
con mi corazón roto y mi alma en llamas,
anhelando el abrazo de una luz pura,
que me devuelva la vida, y la calma.

Vivir en la noche

Vivir en la noche es algo triste,
cuando el vacío en mi corazón persiste,
y la soledad es la única compañía
en medio de la oscuridad que me guía.

La luna brilla en lo alto del cielo
mientras mi alma se siente en duelo,
y el silencio me envuelve con su manto
recordándome lo mucho que estoy quebrando.

El corazón se siente vacío,
sufriendo por un amor perdido,
y aunque el tiempo ha pasado
todavía el dolor me hace mal.

¿Qué más puedo hacer para olvidar?
¿Cómo puedo volver a empezar?
El vacío en mi corazón es profundo
y parece que nunca se va a llenar.

La tristeza me invade en la noche
y el vacío me causa una gran congoja,
me siento solo en el mundo
y mi alma parece estar en la sombra.

A pesar de la oscuridad,
la luna me acompaña en mi soledad,
y aunque su luz no me puede consolar,
me hace sentir que hay alguien más.

El vacío sigue ahí,
en el fondo de mi corazón sin fin,
y la tristeza no me deja ser feliz,
ni siquiera cuando llega el amanecer.

Me encuentro en la noche,
sintiendo el vacío en mi corazón,
con la tristeza que me atormenta,
y la soledad como única compañera
en la inmensa oscuridad.

Quizás algún día el vacío se llene,
y la tristeza deje de ser mi amiga,
y en vez de soledad, tenga compañía,
en medio de la noche y su melancolía.

Traición

La traición es una herida que no se cura,
un dolor que se anida en el corazón.
Es una puñalada que traspasa el alma,
una cicatriz que no se borra jamás.

La traición es un silencio que lastima,
un engaño que hiere hasta el tuétano.
Es una mentira que desgarra el ser,
una verdad que se esconde en la oscuridad.

La traición es un abismo que se abre,
una brecha que se ensancha sin piedad.
Es una lealtad que se desvanece,
una amistad que se rompe en mil pedazos.

La traición es un camino sin retorno,
una senda que se aleja sin cesar.
Es una mano que se retira al estrechar,
una sonrisa que se borra al mirar.

La traición es una historia que se acaba,
un capítulo que se cierra con dolor.
Es un adiós que no encuentra consuelo,
un recuerdo que se guarda con temor.

La traición es un miedo que se instala,
un fantasma que persigue sin piedad.
Es una sombra que se alarga en la noche,
una luz que se apaga sin más.

La traición es un llanto que no cesa,
un sollozo que se ahoga en la garganta.
Es una herida que no cicatriza,
una historia que nunca se olvida.

A solas

A solas me encuentro en mi habitación,
el dolor me ha invadido una vez más.
Y el vacío que siento en mi corazón,
me hace llorar en la soledad.

El tiempo ha pasado y ya no estás,
todo lo que queda es tu ausencia.
Los recuerdos vienen y van,
y con ellos la tristeza se presenta.

La noche se alarga y todo se desvanece,
la luz que solía iluminar mi vida se ha ido.
Las penas me abruman y el corazón envejece,
y todo lo que queda es el dolor y el olvido.

El silencio es mi único compañero,
y la oscuridad se ha adueñado de mi alma.
La tristeza ha convertido todo en un mundo ajeno,
y ya no encuentro la paz que me calmaba.

Mis lágrimas se confunden con la lluvia,
y mi corazón se desgarra en dolor.
Todo lo que queda es desolación, angustia
y la soledad que me deja sin amor.

Quizás algún día el sol volverá a brillar,
y la felicidad regresará a mi vida.
Pero por ahora solo queda este amargo pesar,
y la soledad que me hace sentir perdida.

Así es el dolor de un corazón destrozado,
así es la soledad en la que me he sumido.

Soledad en mi corazón

La soledad en mi corazón es un dolor sin fin,
una tristeza que me atormenta día tras día,
un vacío que no logro llenar
ni con mi ser más profundo,
y en esta noche oscura,
siento que se hace más profundo.

Intento llenarlo con canciones,
con poesía, con amigos, con amor,
con todas las cosas bonitas de la vida,
pero nada parece bastar para calmar la aflicción,
y el dolor se queda ahí, incrustado en el corazón.

A veces me pregunto si alguna vez sanará,
si alguna vez dejaré de sentirme tan perdida,
tan vacía, tan desolada, tan incompleta,
pero el silencio es la única respuesta que obtengo.

La soledad es mi compañera en esta larga noche,
y aunque intento escapar de ella,
siempre me encuentra,
me abraza con su fría y vacía presencia,
recordándome que estoy sola en esta existencia.

Y así, en la noche oscura,
me siento abandonada,
en un mundo que no parece comprender mi dolor,
un mundo que sigue girando
sin importar mi aflicción,
y sigo aquí, con mi corazón dolido
y mi soledad de compañía.

Corazón herido

Mi corazón está herido y vacío,
la traición y el dolor lo han dejado así,
anhelo compañía y amor,
pero el miedo a volver a ser lastimada
me hace huir.

La noche es silenciosa y oscura,
el viento susurra secretos inaudibles,
mis pensamientos vagan sin rumbo fijo,
y mi corazón late con dolor terrible.

Quiero deshacerme de esta tristeza,
que me abraza fuerte cada noche,
pero no sé cómo hacerlo,
y el insomnio me atrapa
en esta lucha constante.

El humo del cigarro se eleva al cielo,
como mis deseos de encontrar la paz,
pero la soledad en la noche se siente fría,
y no puedo escapar de su abrazo.

Quiero que alguien me sostenga fuerte,
que me ayude a sanar las heridas,
que me haga creer en el amor de nuevo,
y me dé esperanza de un nuevo día.

Ahora, solo queda la soledad,
en la noche oscura con la luna y el cigarro,
y mi corazón dolido y vacío,
en busca de un camino para sanar mi alma.

Noche sin fin, eterna y solitaria,
en mi cama yace mi cuerpo vacío,
mientras que mi mente se desafía,

luchando contra la sombra
de la insomne vigilia.

El reloj marca horas y horas
y mi alma sigue sin descanso,
la noche es mi cárcel y mi morada,
y el insomnio mi cruel castigo.

La almohada se ha convertido
en mi confidente,
y los sueños se han ido con el viento,
en la oscuridad, sólo queda mi mente,
y el vacío que ha dejado el tiempo.

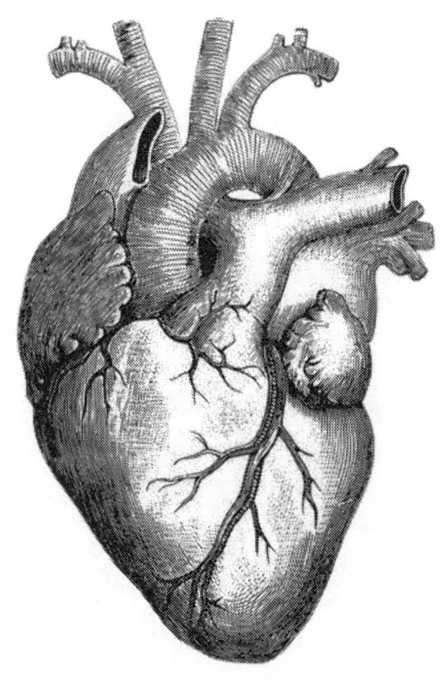

La noche me habla en susurros

La noche me habla en susurros,
y la soledad es mi única compañía,
las estrellas brillan en el firmamento,
y mi tristeza se expande en la lejanía.

Mis ojos cansados miran al infinito,
buscando alguna señal de esperanza,
pero todo lo que encuentran es el vacío,
y el dolor que me embarga en esta danza.

En la noche, el tiempo se detiene,
y el insomnio me hace prisionera,
mi corazón late fuerte y se resiente,
y mi mente se sumerge en el agujero.

La noche es larga, la noche es triste,
y mi alma se siente destrozada,
el insomnio me tortura sin descanso,
y la soledad me abraza en cada madrugada.

La noche avanza, sin importar mi sufrir,
y la luna se refleja en mi ventana,
un nuevo día se acerca,
pero yo sólo puedo sentir,
el dolor y la tristeza que me acompaña.

Así, en la noche infinita, el insomnio y yo,
nos abrazamos en una lucha sin fin,
y mi corazón herido sólo puede decir adiós,
a los sueños que se han ido lejos de mí.

El reloj no se detiene

En la noche oscura, todo es silencio y soledad,
y mi corazón late con un dolor profundo,
mientras el insomnio me abraza con su crueldad,
y la tristeza inunda mi alma en este mundo.

Los minutos pasan y el reloj no se detiene,
y mi mente no deja de dar vueltas y vueltas,
y en el vacío de mi ser, me siento tan pequeña,
como si la vida hubiera sido solo una travesía
sin estrellas.

La luna llena brilla en el cielo con esplendor,
y su luz ilumina mi habitación vacía,
mientras el humo de mi cigarro se eleva con dolor,
y mi corazón grita su tristeza en este nuevo día.

La noche eterna me envuelve
con su manto de soledad,
y mi alma llora en silencio,
anhelando un amor que ya no está,
y en el silencio de mi corazón,
solo queda la oscuridad,
que me lleva a un abismo
de tristeza y soledad.

Oh, noche infinita,
¿por qué eres tan cruel conmigo?
¿Por qué me dejas con el dolor
y la tristeza de la vida?
¿Por qué no me dejas encontrar la paz
en este abrigo,
y me dejas vagar por el mundo
sin rumbo ni salida?

La soledad me envuelve como un manto de dolor,

y me hace sentir tan frágil y vulnerable
mientras mi alma llora
por el amor que ya no está conmigo,
y mi corazón se rompe en pedazos,
sin dejar ninguna pista.

Oh, noche infinita,
¿cuándo me liberarás de este tormento?
¿Cuándo encontraré la paz
en el abismo de mi dolor?
¿Cuándo dejaré atrás este vacío
en mi corazón sediento,
y encontraré la felicidad en la oscuridad
de este amor?

Aquí estoy,
en la soledad de la noche eterna,
con el humo del cigarro
y la luna llena,
esperando que el tiempo me lleve
hacia una nueva senda,
y que la luz brille de nuevo
en mi corazón negro.

La oscuridad es el color que todo lo tiñe

La oscuridad es el color que todo lo tiñe
cuando la tristeza se apodera del alma.
El sol desaparece y solo queda la penumbra
y el vacío se siente pesado en el pecho.

Es la depresión que llega sin aviso
y se instala en mi vida como un huésped oscuro.
Me hace creer que todo es inútil,
que todo carece de sentido y valor.

Me siento tan perdida, tan sin rumbo,
que me cuesta encontrar una razón para seguir.
Todo parece un esfuerzo inútil,
un camino sin salida que solo lleva a la nada.

La tristeza me envuelve como un manto
y me deja sin aliento, sin esperanza.
Me siento sola, abandonada,
y todo parece carecer de sentido.

Cada día es una lucha sin fin,
un combate constante contra mi propia mente.
El dolor se vuelve más intenso,
y la soledad se hace más pesada.

¿Cómo salir de esta oscuridad
que me envuelve y me ahoga sin piedad?
¿Cómo encontrar un rayo de luz
en medio de este mar de tinieblas?

Es una lucha diaria, un esfuerzo constante
por no dejarse arrastrar por la corriente.

Inmensidad

La noche se extiende en inmensidad,
y el silencio se adueña de la ciudad,
todo se detiene en la penumbra,
y mi alma en soledad se sumerge.

Un manto oscuro cubre mi corazón,
y una tristeza profunda invade mi ser,
siento que el mundo se me desmorona,
y mi alma en el vacío parece desvanecer.

Mis pensamientos se pierden en la noche,
y en el insomnio mi mente se consume,
mi corazón cansado ya no encuentra fuerzas,
y la soledad me consume y me abruma.

La inmensidad de la noche me asusta,
y la tristeza se hace dueña de mi ser,
mi alma se siente vacía y sin rumbo,
y el silencio me hace estremecer.

La oscuridad me hace sentir pequeña,
y mi corazón se siente abatido,
me siento sola y sin compañía,
en esta noche eterna que no finaliza.

Todo parece oscuro y sin sentido,
y mi corazón está lleno de dolor,
no encuentro consuelo en ningún lugar,
y la soledad me acoge con su frío ardor.

La noche se hace cada vez más larga,
y mi alma se siente cada vez más sola,
ya no encuentro un lugar donde refugiarme,
y mi corazón se siente vacío y desolado.

Oh noche, cuán inmensa eres,
y cuán triste es mi alma en tu oscuridad,
la soledad me envuelve y me consume,
y mi corazón se deshace en soledad.

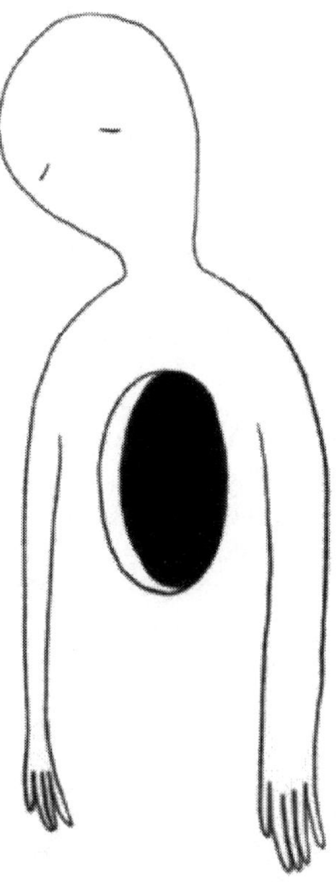

Alma

En la soledad de mi alma
en lo más profundo de mi ser,
habita la tristeza y la nostalgia
de un corazón que ha dejado de latir.

La oscuridad se adueña de mi mente
y me sumerge en un mar de dolor,
la soledad me abraza fuerte
y no me deja escapar de su amor.

El vacío de mi corazón es grande
y la herida que dejaste aún duele,
cada latido es un tormento constante
y mi vida se desvanece en la niebla.

La luz de mis días se ha extinguido
y la noche es mi única compañera,
mi corazón está en el olvido
y mi alma se desgarra en la espera.

¿Dónde estás amor que te fuiste?
¿Por qué me dejaste en la oscuridad?
Mi alma solloza triste
y no encuentra consuelo ni paz.

La soledad es mi compañera fiel
y el dolor es mi eterno amigo,
mi corazón no sabe qué hacer
y se ahoga en un mar de olvido.

La tristeza me invade y me domina
y no encuentro la forma de escapar,
mi alma se desangra y se lastima
y no encuentra la forma de sanar.

La noche es mi eterna amiga
y me abraza en su manto de oscuridad,
mi corazón sigue latiendo en la herida
y no encuentra la forma de olvidar.

La soledad es mi única compañera
y mi corazón está en la penumbra,
mi alma busca la luz verdadera
y no encuentra la forma
de escapar de esta tumba.

Eterno Ciclo

En la noche oscura, el silencio me rodea
y la soledad en mi corazón se aloja,
una sombra que no me abandona
y que mi alma entera despoja.

La oscuridad es mi única compañía
y la luna llena mi única luz,
mientras las horas pasan lentamente
y mi alma se sumerge en la tristeza y la cruz.

Mi corazón herido yace solitario,
buscando una salida a su dolor,
mientras la noche avanza implacable,
en un eterno ciclo sin fin ni amor.

La brisa fría de la noche me acaricia,
mientras mi alma llora en silencio,
anhelando la felicidad que se ha ido,
en un tormento eterno sin remedio.

La soledad se vuelve mi única amiga,
y el dolor mi compañero leal,
mientras mi corazón se desgarra,
y mi alma se consume en el mal.

La noche me abraza con su manto oscuro,
y la tristeza se instala en mi alma,
mientras mi corazón grita en silencio,
anhelando salir de su triste calma.

La soledad se vuelve un abismo profundo,
y mi corazón se pierde en su dolor,
mientras la noche sigue su rumbo,
y mi alma se desgarra en el clamor.

En la noche oscura mi alma se marchita,
y la soledad se adueña de mi ser,
en un mar de tristeza y melancolía,
que me hace sufrir sin poder vencer.

Corazón Lúgubre

Un corazón lúgubre y solitario,
en la noche se pierde sin horizonte,
su dolor es profundo y necesario,
para que la soledad lo componga.

La luz se ha ido, la oscuridad inunda,
las paredes del alma sin compañía,
sus lágrimas ahogan su voz muda,
y su tristeza es su única guía.

El mundo gira sin importar su llanto,
el tiempo corre sin aliviar su sufrir,
su dolor se enreda en un oscuro manto,
sin saber cuándo, ni cómo salir.

La soledad lo ha envuelto en su abrazo,
sin una mano que le ayude a salir,
su corazón se siente más que fracaso,
en un camino que no tiene fin.

Sus lágrimas inundan su rostro,
su voz ahogada en un grito de dolor,
un suspiro que sale como un desglose,
de un corazón roto en un manto de dolor.

La soledad es su única compañía,
en el abismo de su alma se pierde,
solo un suspiro escapa en su agonía,
pidiendo por una luz que le devuelva su suerte.

Un corazón lúgubre y solitario,
en la noche se pierde sin horizonte,
su dolor es profundo y necesario,
para que la soledad lo componga.

Lágrimas de mi alma

Las lágrimas de mi alma caen sin cesar,
cual lluvia implacable que no quiere parar,
me ahogo en un mar de tristeza y dolor,
sufriendo el peso de mi propio clamor.

Mi corazón yace roto en pedazos,
en un abismo de sombras y fracasos,
cargando una carga que es demasiado pesada,
una cruz que me arrastra hacia una muerte
temprana.

La soledad me envuelve como una manta,
que cubre mi cuerpo con su gélido encanto,
me siento perdida en la inmensidad del tiempo,
sin un lugar donde encontrar mi consuelo.

El pasado me persigue como una sombra,
atrapándome en sus garras, sin dejarme ir,
y el futuro es un abismo oscuro e incierto,
que me arrastra hacia la locura y el desconcierto.

Las lágrimas siguen cayendo sin parar,
y mi alma sigue gritando en soledad,
anhelando un abrazo, un consuelo, un amor,
que me permita salir
de este oscuro laberinto de dolor.

Pero nada llega, todo es silencio y frío,
en mi alma solo queda un vacío,
y la tristeza se convierte en mi compañía,
en un camino sin retorno, en una eterna agonía.

Llorando en el abismo de mi alma,
buscando una salida, una luz en la calma,
mientras las lágrimas siguen cayendo,

sin cesar, sin tregua,
en mi corazón muriendo.

Oscura

En la noche oscura, se siente la soledad,
que invade el corazón, que lo hace sangrar,
en la oscuridad, no hay nadie a quien llamar,
y en la soledad, solo queda llorar.

Las estrellas brillan en el cielo oscuro,
iluminan el camino hacia lo más puro,
pero en mi corazón, solo hay dolor y desesperación,
y la soledad, se adueña de mi alma sin compasión.

La noche es larga y el silencio es profundo,
no hay nada que me haga olvidar este mundo,
mis pensamientos se pierden en la oscuridad,
y mi corazón sigue llorando sin piedad.

La soledad me rodea,
me ahoga y me consume,
y aunque trato de escapar,
me encuentro en la misma bruma,
el dolor se adueña de mí, no me deja respirar,
y la tristeza es mi única compañía en este lugar.

En esta noche oscura, solo queda el llanto,
y aunque intento ser fuerte,
no puedo evitar el quebranto,
la soledad me ahoga,
me arrastra hacia el abismo,
y en este dolor profundo,
solo queda el egoísmo.

La noche sigue avanzando y
el tiempo no perdona,
y aunque el sol salga,
mi corazón sigue en la sombra,
no hay nada que me haga olvidar esta tristeza,

y la soledad sigue siendo mi única certeza.

En la noche oscura

En la noche oscura,
mi alma sigue sangrando,
y aunque trate de sanarla,
sigo llorando,
la soledad es mi compañera
y mi enemiga,
y aunque trato de escapar,
sigue siendo mi amiga.

En la oscuridad de mi alma pura
se encuentra un vacío sin fin,
un abismo que no tiene cura,
un dolor que no tiene fin.

La luz que brillaba antes en mí
ahora se ha apagado por completo,
y en su lugar solo queda aquí
una tristeza que me tiene sujeto.

Intento buscar una salida,
una forma de escapar de este dolor,
pero no encuentro una vía
para liberarme de este horror.

La soledad me rodea
y me ahoga en su abrazo frío,
y la tristeza me rodea
y me arrastra hacia el vacío.

¿Qué es lo que he hecho mal,
para merecer este castigo,
para perder mi brillo y mi paz,
y vivir en este abismo oscuro y frío?

Mi alma pura ahora está manchada,

por la tristeza y la desesperación,
y mi corazón ya no es una morada,
sino una cárcel sin ninguna salvación.

Sola

En la noche oscura y silenciosa
me siento sola, sin una luz que brille,
mi corazón se ahoga en tristeza,
y mi alma suspira en el vacío.

La ausencia de felicidad me invade,
en la oscuridad no veo el camino,
mi mente se enreda en pensamientos,
y mi corazón se pierde en el olvido.

La soledad me abraza con sus brazos fríos,
y mi corazón se siente vacío y sin sentido,
el mundo a mi alrededor es tan ajeno,
y en la oscuridad, me siento perdido.

La noche me consume con su manto oscuro,
y mis pensamientos se pierden en el espacio,
mi corazón llora por la felicidad perdida,
y mi alma se ahoga en su propio fracaso.

La luz de la mañana no parece llegar,
y mi corazón late con desesperación,
anhelando encontrar el camino de regreso,
de la tristeza y la oscuridad a la salvación.

Pero la noche continúa su marcha sin fin,
y mi corazón sigue sufriendo en soledad,
anhelando el abrazo de la felicidad,
en una noche oscura y sin finalidad.

Desrealización

La desrealización, ese extraño sentimiento
de que nada es real, de que todo es un sueño
un mundo irreal, sin rumbo, sin sentido
donde se difumina la frontera entre lo vivido

Una extraña sensación, un velo en los ojos
una mente confusa, que no encuentra su acoso
y el corazón, latiendo a destiempo
se siente como un barco a la deriva en el viento

No hay colores, ni sonidos, ni texturas
todo es igual, sin forma ni estructura
un universo extraño,
que no se parece al mundo real
y la mente se pregunta si todo esto es normal

La desrealización es una sombra oscura
que oscurece la mente y el corazón, sin cura
y en la noche, se siente más fuerte y profunda
como si se perdiera en la oscuridad del mundo

¿Qué es real? ¿Qué es un sueño?
¿Es la vida una ilusión?
¿Un juego de un dios ajeno?
Las preguntas son muchas,
las respuestas pocas
y el corazón se pierde en la oscuridad,
en las sombras

La desrealización es un mundo de pesadilla
donde todo es borroso, sin forma, sin sencilla
y el corazón late con la fuerza de un tambor
mientras se pierde en la oscuridad y el dolor.

Letras vacías

Y en la noche, la oscuridad se vuelve más densa
y el corazón se siente solo, sin defensa
y la mente se pierde en el laberinto de la locura
donde no hay salida, ni felicidad, ni cura.

Un poeta triste y solitario
en la noche con el humo del cigarro
escribiendo versos sin ilusión,
plasmando su tristeza en su creación.

Su mente llena de oscuridad,
sin una pizca de felicidad,
y su pluma traza letras vacías,
sin encontrar la inspiración que buscaba.

Las palabras fluyen en la hoja,
pero su alma está vacía y rota,
y su corazón ya no late con fuerza,
sino que se ahoga en la tristeza.

Las lágrimas corren por su rostro,
como la tinta sobre el papel,
y suspira por lo que una vez fue,
pero que ahora se desvaneció.

El poeta anhela la luz de la esperanza,
una chispa de felicidad que ilumine su alma,
pero la oscuridad lo abraza con fuerza,
y la tristeza lo deja sin aliento.

La noche se extiende infinita,
y el poeta sigue solo en su lucha,
escribiendo versos tristes sin fin,
en la espera de encontrar su camino de nuevo.

Pero la soledad lo atrapa,
y la desesperanza lo consume,
y el humo del cigarro se disipa,
dejando solo la oscuridad y su tristeza.

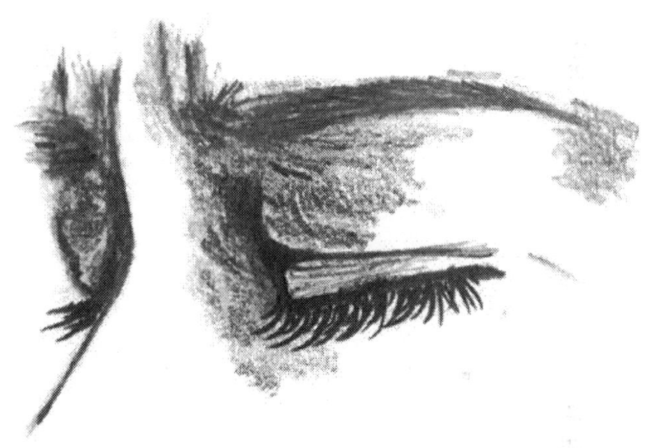

La vida un viaje incierto

La vida, un viaje incierto y sin rumbo fijo,
un camino que se extiende ante mis ojos
sin saber hacia dónde me lleva,
sin saber qué encontraré al final.

A veces, siento que estoy perdida,
que he perdido el rumbo, el sentido,
que la luz que iluminaba mi camino
se ha apagado, dejándome en la oscuridad.

Siento que la vida se me escapa entre las manos,
que el tiempo se desliza
como arena entre los dedos,
que nada de lo que hago tiene sentido,
que todo es en vano, que nada tiene valor.

En esta oscuridad, en esta tristeza,
busco desesperadamente una luz, una esperanza,
algo que me indique que no todo está perdido,
que aún hay algo por lo que luchar.

Pero la oscuridad persiste, se aferra a mí,
no me suelta, me arrastra hacia el abismo,
hacia la nada, hacia el vacío,
hacia la desesperación.

¿Qué sentido tiene vivir así,
en la oscuridad, en la tristeza,
en el vacío, en la soledad?
¿Qué sentido tiene todo esto?

Tal vez nunca lo sabré,
tal vez nunca encuentre la luz,
tal vez la oscuridad sea mi destino,
mi hogar, mi única compañera.

En las noches oscuras me pierdo

En las noches oscuras me pierdo,
en la inmensidad de mi soledad,
como si fuese un barco sin rumbo,
en el mar de la tristeza y la ansiedad.

En mi mente danzan las palabras,
como una melodía sin fin,
tratando de encontrar el ritmo,
que alivie mi dolor y mi aflicción.

Mis versos son mi única compañía,
en este viaje sin destino,
mi poesía es mi refugio,
en este mundo tan frío.

Sé que mi pluma no es suficiente,
para llenar el vacío de mi corazón,
pero en ella encuentro mi consuelo,
en cada letra, en cada canción.

En la noche me aferro a mis sueños,
y en ellos me pierdo sin control,
tratando de encontrar la luz,
que me saque de esta oscuridad mortal.

Pero en este mundo tan vacío,
los sueños son efímeros y crueles,
y la realidad me golpea con fuerza,
dejándome sin aliento y sin piel.

No tengo a nadie que me comprenda,
ni una mano que me tienda,
solo mis palabras y mi pena,
en esta soledad tan tremenda.

Y así me quedo en la noche,
con mi pluma y mi dolor,
tratando de encontrar la belleza,
en este mundo tan gris y sin color.

Sé que mi poesía no es suficiente,
para llenar el vacío de mi corazón,
pero en ella encuentro mi consuelo,
en cada letra, en cada canción.

Abandonado

En la noche oscura y solitaria,
mi corazón se siente abandonado,
mi alma se siente vacía,
y mis pensamientos están atrapados.

La soledad me envuelve
y me siento atrapado en ella,
sólo el sonido de mi respiración
me recuerda que todavía estoy vivo.

Mis pensamientos se vuelven oscuros,
y el silencio es atronador,
me pregunto si hay alguien allí afuera,
o si estoy solo en mi dolor.

Busco refugio en la oscuridad,
me escondo de la luz del día,
porque en la oscuridad
no hay nada que me haga daño.

En la noche, el mundo parece diferente,
los colores pierden su brillo,
y todo parece más triste y solitario,
mientras la luna ilumina mi camino.

En esta soledad,
me encuentro a mí mismo,
tratando de entender mi dolor,
pero cuanto más trato de buscar respuestas,
más me siento perdido en mi corazón.

Pero sé que no estoy solo,
hay otros que comparten mi dolor,
y tal vez algún día, en alguna parte,
encontraré la fuerza para seguir adelante.

Mientras tanto, me quedo aquí,
envuelto en la oscuridad de la noche,
tratando de encontrar algo de consuelo
en la tristeza de mi corazón.

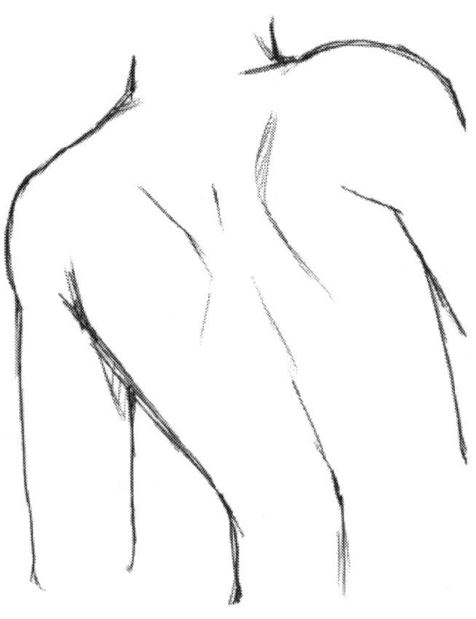

Insomnio mi compañía

El insomnio es mi compañía
en la noche que se cierne oscura,
y la luna es mi testigo
de la tristeza que en mi alma perdura.

Las horas pasan lentas
y el sueño no quiere venir,
mi mente vaga sin rumbo
y mi corazón comienza a sufrir.

La luna llena y brillante
me mira con cierta melancolía,
sabe que mi alma está herida
y que la tristeza en mí crece día a día.

No encuentro la paz en mi mente
y mi corazón está en agonía,
el insomnio me hace su víctima
y la noche se hace interminable y vacía.

La luna me acompaña en silencio
mientras fumo un cigarro en soledad,
y mi mente se llena de pensamientos
que me hacen sentir una gran ansiedad.

La noche es larga y solitaria
y yo estoy aquí, sin poder dormir,
sintiendo la tristeza que me abruma
y la soledad que me hace sufrir.

La luna sigue brillando en lo alto
y yo sigo aquí, sin encontrar consuelo,
pensando en todo lo que he perdido
y en todo lo que me ha hecho sentir desconsuelo.

La noche avanza sin prisa
y yo sigo aquí, en mi soledad,
esperando que llegue el nuevo día
y que la tristeza por fin se aleje de mi vida.

Mente en blanco

En la mesa del escritorio,
un papel en blanco esperando ser escrito,
una pluma en la mano del poeta,
la mente en blanco, sin ideas ni mitos.

La noche se cierne oscura y solitaria,
la luna brilla en el firmamento,
y el poeta lucha contra la adversidad,
buscando encontrar su inspiración en el viento.

Pero nada llega a su mente,
ni imágenes, ni palabras, ni sonidos,
el poeta se siente inútil y vacío,
con el corazón roto y herido.

La tinta de la pluma se seca,
y las hojas en blanco siguen siendo así,
el poeta se siente en la nada,
sin una razón para vivir.

Las lágrimas empiezan a fluir,
y el poeta se siente aún más perdido,
sin un propósito, sin una razón,
con su alma en un abismo hundido.

La noche avanza y el insomnio llega,
el poeta lucha contra el dolor,
intentando encontrar su voz,
en medio de la soledad y el temor.

Pero nada sale, todo está en silencio,
el poeta se siente condenado,
a vagar por un mundo vacío,
sin ninguna luz que lo haya iluminado.

La luna sigue su camino en el cielo,
mientras el poeta lucha contra su vacío,
y el papel en blanco se queda en la mesa,
sin una palabra, sin un suspiro.

El poeta se siente como un espectro,
vagando por un mundo sin color,
esperando encontrar su musa,
en medio de la soledad y el dolor.

Pero nada llega a su mente,
y el poeta se siente en la oscuridad,
buscando encontrar una razón,
para seguir luchando por la verdad.

La noche avanza y la luna se va,
y el poeta se queda en la oscuridad,
esperando encontrar su voz,
en medio de la soledad y la adversidad.

El dolor de la traición

El dolor de la traición
es como una herida profunda,
que sangra sin cesar
y no puede cerrarse nunca,
es una cicatriz en el corazón
que duele con fuerza,
una marca imborrable
que nos hiere sin compasión.

La traición es una puñalada en la espalda,
un acto desleal que destruye la confianza,
un dolor agudo que no tiene consuelo,
una tristeza profunda que nos ahoga en el suelo.

Es la sensación de haber sido engañado,
de haber confiado en alguien que no era digno,
de haber creído en una mentira disfrazada,
de haber entregado el corazón
a quien no lo merecía.

La traición es un sentimiento desgarrador,
que nos hace preguntar el porqué de las cosas,
que nos lleva a un abismo sin final,
que nos hace sentir solos en medio de la multitud.

Es una llama que quema sin piedad,
que consume el alma y nos deja sin luz,
una oscuridad que no tiene fin,
una amargura que nos deja
sin rumbo ni dirección.

La traición es un golpe bajo que nos derriba,
que nos hace caer al suelo sin aliento,
es la sensación de haber perdido el norte,
de no saber hacia dónde ir,

ni qué hacer con el dolor.

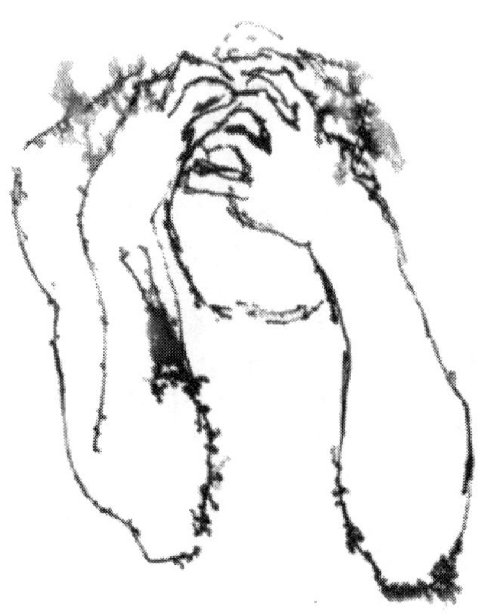

La esperanza

La esperanza es un vuelo de mariposas,
un soplo de viento en primavera,
un canto suave en la madrugada,
un rayo de luz que brilla sin espera.

Pero a veces, en el sendero de la vida,
se nos escapa de las manos,
y nos deja solos y perdidos,
en una oscuridad de llanto y enojos.

Así sucedió en un día cualquiera,
cuando un sueño se hizo pedazos,
y el corazón se llenó de tristeza,
al saber que tu existencia había acabado.

Se te esperaba con la ilusión más grande,
se soñaba contigo noche y día,
y el corazón latía al compás del tuyo,
esperando con ansias tu llegada con alegría.

Pero la vida es una rueda
que gira sin descanso,
y a veces nos lleva
por caminos insospechados,
y de pronto un día llega
la triste noticia,
que nos deja sin fuerzas,
sin ánimo y desolados.

Latidos pendientes

No hay palabras para explicar el dolor,
de saber que nunca te tendré en mis brazos,
que nunca podré acariciar tu piel,
ni besarte y abrazarte como tanto soñaba.

La tristeza se apoderó del corazón,
y la oscuridad se hizo presente,
las lágrimas caen sin consuelo,
y el dolor se siente
en cada latido pendiente.

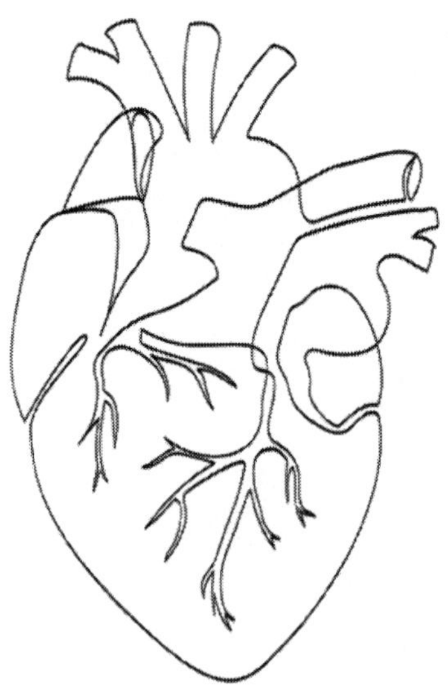

Vigilia

En la noche, la vigilia me acecha
y el sueño se aleja de mi alcoba.
El tiempo se detiene, y yo me estrecha
entre las sábanas frías, que me sobra.

La luna llena, como un farol brillante,
me alumbra el rostro, y yo la contemplo,
mientras fumo el cigarro hasta el instante
en que se consume, y lo desecho.

La noche es oscura, triste y sombría,
y mi mente no deja de pensar,
en los sueños que se van cada día,
y el tiempo que nunca volverá.

Me siento sola,
como un náufrago en el mar,
y mi corazón late con dolor,
mientras el humo del cigarro, al azar,
se eleva al cielo y se pierde en la oscuridad.

La noche se alarga, y mi mente se embarga
de pensamientos tristes y sombríos,
y mi alma llora en la soledad amarga
de un insomnio que se vuelve interminable y frío.

El cigarro se consume, lo vuelvo a encender,
como un ritual que me acompaña en la oscuridad,
mientras mi alma se pierde en el vaivén
de un insomnio que parece no tener finalidad.

La noche se acaba, y el día vuelve a empezar,
mientras yo me quedo con el corazón vacío,
pensando en la noche que no volverá,
y en el cigarro que se ha consumido.

TCA

TCA, tres letras que se adueñan de mi vida,
enfermedad invisible que me lleva a la agonía.
Mi mente se nubla, mi cuerpo se consume,
mi alma se marchita en este triste perfume.

La comida es mi enemiga, la balanza mi amiga,
mis días giran en torno a esta cruel obsesión.
No importa cuánto coma, siempre siento el vacío,
la ansiedad me agobia,
no encuentro consuelo ni alivio.

Cada mordisco es un remordimiento,
cada comida es un tormento.
No importa cuánto adelgace,
nunca es suficiente,
mi reflejo en el espejo
sigue siendo un taladrante.

La gente no lo entiende,
me juzgan sin saber,
dicen que es fácil,
que solo debo comer.
Pero el TCA es una enfermedad cruel,
que te quita el control

Luchando día a día contra mi propia mente,
tratando de encontrar la cura que está ausente.
La vida se ha vuelto gris, todo es dolor,
a veces me pregunto,
¿cuánto más durará este horror?

El TCA es una enfermedad
que te hace sentir sola,
con una mente que no te deja ser dueña
de tu propia persona.

Risa burlona de su verdugo

Bullying, acoso y hostigamiento
lágrimas en los ojos de un niño
que se siente solo y asustado
en un mundo cruel y desconocido.

Las palabras hirientes como dagas
atraviesan su piel y corazón
y aunque intenta ignorarlas,
le queman por dentro
como un carbón.

La risa burlona de sus verdugos
resuena en sus oídos como un eco
y aunque quiere escapar de su sufrimiento,
sabe que la tristeza no tiene remedio.

Las noches se hacen eternas,
la soledad es su única compañía,
y aunque quisiera gritarle al mundo
se siente atrapado en su propia agonía.

La confianza en sí mismo se desvanece
y se siente débil y vulnerable
porque el bullying no sólo hiere su cuerpo,
sino también su alma y su mente frágil.

Lluvia

La lluvia cae con fuerza en la noche
Mientras un poeta solitario yace en su lecho,
Oculto tras las sombras de su propia mente
Luchando contra los demonios que le acechan.

Su alma grita en silencio, angustiada,
Mientras su corazón se desgarra en dolor,
Viviendo en un mundo oscuro e incomprensible
Donde la tristeza es su única compañía.

Las palabras que antes fluían con facilidad
Ahora son un recuerdo lejano en su mente,
La inspiración que una vez lo hizo brillar
Ha sido reemplazada por una oscura desesperación.

El poeta mira al espejo y no reconoce
La figura desaliñada que le devuelve la mirada,
Siente que ha perdido la batalla
contra su propia mente
Y se pregunta si alguna vez
volverá a recuperarla.

Las palabras son ahora
como espinas en su garganta
Que lo ahogan lentamente,
dejándolo sin aliento,
Mientras la tristeza y la soledad
se aferran a su corazón
Y lo arrastran hacia el abismo
de la depresión.

En la oscuridad de la noche, busca una luz,
Pero solo encuentra sombras y oscuridad,
Siente que su existencia carece de sentido
Y se pregunta si algún día saldrá de esta soledad.

El poeta sigue luchando, día tras día,
Tratando de encontrar una manera de escapar,
De encontrar la luz en la oscuridad que lo rodea,
Y encontrar la fuerza para seguir adelante.

La tristeza se siente abrumadora
Y el poeta se rinde ante la desesperación,
Dejándose caer en la noche oscura de su alma
Y perdiéndose en la depresión que lo consume.

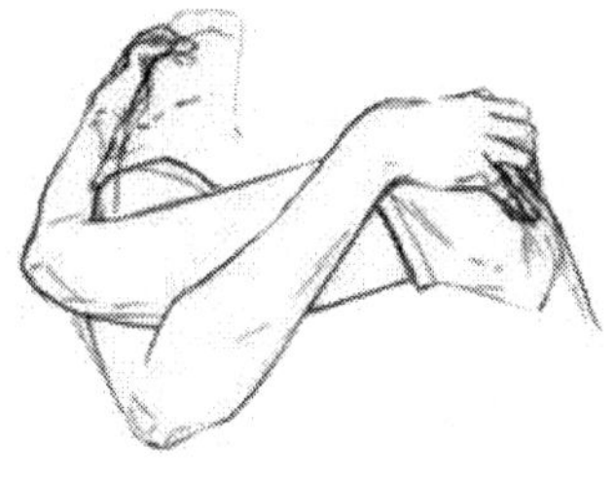

Laberinto de pensamientos

En la noche oscura y solitaria
el poeta se pierde en sus pensamientos,
y su único compañero es el cigarro
que se consume lentamente entre sus dedos.

Mientras el humo se eleva hacia la luna,
él se sumerge en su propia oscuridad,
sintiendo el peso de la soledad
y la carga de la tristeza en su corazón.

No encuentra las palabras
que lo salven,
ni la musa que lo inspire,
y se pregunta si algún día volverá a sentir
la alegría y la pasión que alguna vez tuvo.

Sus lágrimas se mezclan con el humo
y se pierden en la noche eterna,
mientras su alma llora en silencio
por la pérdida de la luz que lo guiaba.

Pero a pesar de su dolor y su desesperación,
el poeta sigue adelante,
aferrándose a la esperanza de que algún día
encontrará su camino de regreso a la luz.

Y mientras tanto, en la noche oscura y solitaria,
sostiene el cigarro con fuerza,
en un intento por encontrar consuelo
en el lento y eterno suspiro del humo.

Sin palabras que decir

El poeta se sienta en silencio,
sin palabras que decir
en su mente solo hay oscuridad,
dolor y sufrir
sus emociones están bloqueadas,
sin forma de escapar
su pluma no escribe poesía,
solo le queda llorar.

Las ideas se desvanecen,
como una llama que se apaga
la musa lo ha abandonado,
su creatividad ya no basta
las palabras no fluyen,
y su mente está en blanco
su poesía ahora es tristeza,
su alma está en un rango.

Un poeta sin inspiración,
es como un cuerpo sin vida
su corazón está vacío,
su alma está desvalida
las palabras ya no llegan,
su mente está bloqueada
la musa lo ha abandonado,
y su corazón está quebrado.

Las lágrimas corren por sus mejillas,
y no puede parar
su corazón late con fuerza,
pero no sabe cómo avanzar
se siente perdido,
en un mundo que no entiende
su dolor es inmenso,
y su tristeza no se desvanece.

El poeta quiere escribir

El poeta quiere escribir,
pero su mente no lo deja
su bloqueo emocional es fuerte,
y no hay forma de que se aleje
siente que está en un abismo, y
no hay forma de escapar
su poesía ya no es su amor,
ahora solo puede llorar.

Así que el poeta se sienta,
con su papel y su pluma
pero sus emociones están bloqueadas,
y su alma está en bruma
no puede escribir poesía,
solo queda llorar
esperando que algún día,
su musa lo vuelva a encontrar.

Bloqueo Emocional

El bloqueo emocional es como un vacío,
un agujero negro en el pecho,
un frío que no cesa, una oscuridad
que envuelve el corazón y lo apaga.

Las emociones se quedan atrapadas,
sin salida ni voz, sin manera de expresarse.
El dolor, el miedo, la tristeza,
se acumulan en el interior como un veneno,
contaminando todo lo que tocan.

La mente se bloquea, las palabras se pierden,
la creatividad se desvanece,
y la vida pierde su brillo.
La música suena desafinada,
la comida no tiene sabor,
los colores pierden su viveza.

Es difícil encontrar una salida,
un camino para liberar
todo lo que se ha acumulado.
A veces se necesita ayuda,
a veces paciencia,
a veces simplemente
esperar y confiar.

La oscuridad es intensa,
pero no es eterna.

Triste corazón del poeta

Triste es el corazón del poeta
que en la noche oscura se encuentra
solo con su mente que no descansa
y su pluma que ya no dibuja.

La inspiración se ha ido lejos
y no hay nada que la haga regresar,
sus versos ya no tienen alma,
sus palabras se han vuelto vacías.

El poeta siente una tristeza profunda,
una sensación de vacío que lo consume,
y en la noche oscura, sin estrellas ni luna,
no hay nada que lo pueda consolar.

No encuentra las palabras que necesita,
no logra plasmar sus sentimientos en el papel,
y en su mente solo hay una gran pregunta:
¿por qué la inspiración lo ha abandonado?

El poeta se siente solo y perdido,
sin la musa que le daba vida a su arte,
y en su alma solo queda el dolor
de no poder expresar lo que siente.

Sus noches son largas y oscuras,
y su corazón sigue sintiendo el vacío,
mientras espera a que la inspiración regrese,
y le devuelva la vida a su poesía.

Noche larga y alma vacía

La noche es larga y el alma vacía,
el poeta en su soledad suspira,
buscando en vano una musa querida
que alivie su alma de tanta agonía.

No encuentra las palabras adecuadas
ni la rima precisa que busca,
siente su mente agotada,
su espíritu agobiado y sin luz.

La inspiración le es esquiva,
el cansancio lo domina,
siente que su pluma es inútil,
que su arte no es ya lo que era antes.

El tiempo pasó sin que él se diera cuenta,
y la vida se le fue en un suspiro,
sin haber plasmado lo que llevaba adentro,
sin haber logrado su gran sueño.

Se pregunta si todo fue en vano,
si su vida no tuvo ningún sentido,
si acaso no fue más que un manojo de sueños,
que la vida se encargó de desvanecer.

El poeta se siente solo y cansado,
sin inspiración y sin ilusión,
sabe que su pluma ya no es lo mismo,
que su corazón ya no late con pasión.

Pero en su alma aún hay una llama,
que se niega a dejarse apagar,
una luz que lo mantiene en pie,
que lo impulsa a seguir adelante.

Y aunque la inspiración se niegue a aparecer,
y el cansancio lo venza en la batalla,
el poeta sabe que su voz es única,
que su arte es su sello personal.

Cansancio Mental

Mi mente se siente cansada,
agotada y abrumada de pensar.
No encuentro paz ni descanso,
ni siquiera al cerrar mis ojos y soñar.

Mis pensamientos se han vuelto pesados,
y mis emociones se han hecho un mar de dolor.
Trato de encontrar una salida,
pero me siento atrapada
en mi propia melancolía.

La fatiga mental me ha dominado,
y mi corazón está sumido en tristeza.
Mis palabras parecen vacías,
y mi alma se siente
cada vez más indefensa.

¿Cómo puedo liberar mi mente,
de la carga pesada que lleva a cuestas?
¿Cómo puedo encontrar la fuerza,
para seguir adelante en la vida sin prisa?

Sé que mi mente necesita un descanso,
un momento de paz y tranquilidad.
Pero a veces es difícil encontrarlo,
cuando las sombras de la vida
me envuelven sin piedad.

Melancolía

En la profundidad de mi ser,
la tristeza es mi compañera fiel,
un peso en mi corazón que no me deja ser.

Siento la oscuridad en mi alma,
un vacío que no puedo llenar,
y mi espíritu cansado clama
por algo que me haga vibrar.

La melancolía me abraza
y me envuelve en su manto gris,
y aunque mi mente no descansa,
mi cuerpo está frío y sin raíz.

La belleza del mundo que me rodea,
se diluye en mi mente cansada,
y aunque la tristeza me anega,
sigo luchando por encontrar mi alborada.

El dolor que llevo en mi alma,
es el precio que pago por mi arte,
y aunque a veces siento que mi vida se desarma,
sé que la poesía es parte de mi alma.

La noche cae en silencio

La noche cae en silencio,
y el poeta en soledad se encuentra,
con su alma triste y en su mente,
solo un dolor que no se aguanta.

La luna llena brilla en el cielo,
y el humo del cigarro se desvanece,
mientras el poeta en su cuarto oscuro,
la inspiración no encuentra y se envejece.

El poeta es un náufrago,
en un mar de sombras y oscuridad,
navegando en un mar de locura,
en su mente, el dolor es su realidad.

La soledad es su compañía,
y la luna, su única amiga,
la noche lo abraza en su oscuridad,
y el poeta en ella se hunde y se entrega.

Sus palabras no fluyen,
su pluma no encuentra su voz,
en su mente, solo un vacío,
y en su corazón, solo dolor y temor.

El poeta es un alma en duelo,
con un corazón lleno de tristeza,
su mente en la oscuridad se sumerge,
y su alma se pierde en su tristeza.

La luna brilla en su ventana,
y el poeta contempla su luz,
mientras el humo del cigarro se consume,
y su alma sigue sumida en la cruz.

La noche se extiende infinita,
y el poeta sigue en soledad,
en su mente solo un vacío,
y en su corazón, una oscuridad.

El poeta sigue en silencio,
con su alma triste y dolorida,
sin encontrar la inspiración,
y su voz sigue sin encontrar salida.

La luna sigue brillando en el cielo,
y el poeta sigue en su cuarto en soledad,
con su pluma en la mano y su alma triste,
esperando que su dolor algún día acabe.

Noche larga, eterna, infinita

La noche es larga, eterna e infinita,
y en ella el poeta no puede dormir,
su mente inquieta lo lleva a la cima,
y en ella se pierde sin encontrar fin.

Su corazón está lleno de tristeza,
y el insomnio lo tiene atrapado,
su alma cansada no encuentra la senda,
y su mente agotada no encuentra su espacio.

Las horas pasan y el poeta no descansa,
solo en la noche se encuentra su soledad,
su corazón roto se retuerce en danza,
y el insomnio lo lleva a la obscuridad.

No encuentra la luz en su camino,
y su alma se va perdiendo en el abismo,
sus pensamientos lo llevan al desatino,
y su corazón llora sin encontrar alivio.

La noche es fría y la luna es triste,
y en ella el poeta se siente perdido,
sus pensamientos lo llevan a un callejón sin salida,
y su alma cansada ya no encuentra sentido.

El insomnio lo tiene prisionero,
y la noche lo tiene cautivo,
su corazón herido llora por dentro,
y el poeta se siente morir sin motivo.

Alma vacía

El alma del poeta vacía está,
sin una chispa que la ilumine.
Sus letras se han secado,
sus versos ya no tienen brillo.

La pluma y el papel están en su mesa,
pero su mente está en otro lado.
El mundo a su alrededor se desvanece,
y su corazón se siente helado.

Ninguna musa viene a visitarlo,
ni las palabras lo quieren acompañar.
El silencio es su único amigo,
y su dolor nadie lo puede calmar.

Las noches se hacen eternas,
y el insomnio lo atormenta sin piedad.
El poeta se encuentra perdido,
en una oscuridad que no tiene final.

¿Dónde están las palabras que lo inspiraban?
¿Dónde está la musa que le daba vida?
El poeta se siente solo y abandonado,
en un mundo que no tiene salida.

Sus versos ya no tienen sentido,
y su alma se siente vacía.
El poeta ha perdido su razón de ser,
y su corazón ya no late con alegría.

¿Acaso hay alguna esperanza?
¿Podrá el poeta volver a escribir?
El tiempo lo dirá, pero por ahora,
su alma vacía es todo lo que queda de él.

Sin luz ni aurora

En la noche solitaria y oscura
se encuentra un poeta sin luz ni aurora
con su pluma en mano y su mente en blanco
y su alma envuelta en un eterno llanto.

Su corazón herido y su espíritu cansado
han dejado su poesía en un estado olvidado
sus versos, que antes fluían sin cesar
ahora se han ido, sin regreso, sin lugar.

El silencio en la habitación,
sólo roto por el latido de su corazón
se mezcla con el tic-tac del reloj
que marca la hora de su dolor.
Y el poeta solitario y triste
se pregunta por qué
su pluma ya no escribe.

¿Dónde está la musa que lo inspiraba?
¿Dónde están las palabras que antes brotaban?
¿Por qué su alma parece tan vacía
y la luz que antes brillaba,
ahora ya no guía?

El poeta en su tristeza se envuelve
y la noche, a su alrededor, se resuelve
en un manto oscuro y eterno
que cubre su alma y su cuerpo yerno.

Y así, en la oscuridad, se queda
con su pluma y su dolor que no cesa
y escribe versos llenos de melancolía
sobre la soledad que lo guía.

Una soledad que lo acoge y lo abraza

que lo lleva por caminos sin casa
y el poeta en su dolor y sufrimiento
se da cuenta que la soledad
es su mejor aliento.

Aunque le duele la ausencia de un amor
y la falta de una voz que lo consuele en su dolor
sabe que en la soledad encuentra su verdad
y en la poesía su única libertad.

Así, el poeta sigue su camino
con su pluma en mano y su alma en vilo
y aunque la tristeza lo siga a su lado
la poesía es su único legado.

La noche se extiende infinita

La noche se extiende infinita,
y mi alma se siente perdida,
en la oscuridad de la soledad,
que me abraza sin piedad.

La luna brilla en el cielo,
y mi corazón se siente hielo,
la tristeza me envuelve entera,
y mi ser se siente en espera.

Espero encontrar en esta noche,
alguna luz en mi derroche,
alguna señal de la vida,
que me dé esperanza y salida.

Pero todo parece vacío,
y mi alma se siente frío,
no hay nada que me haga sentir,
solo el vacío en mi existir.

La noche se extiende aún más,
y mi soledad se hace tenaz,
una sombra me sigue sin cesar,
y no me deja respirar.

La oscuridad me consume entera,
y mi ser se siente en espera,
esperando el nuevo día,
para que la luz me guíe en mi travesía.

Pero por ahora solo queda la noche,
y yo, en la soledad que me acoge,
un poeta que se pierde en su dolor,
esperando encontrar su amor.

La noche es larga y triste,
y en ella, mi alma persiste,
buscando una salida,
de la oscuridad en mi vida.

La soledad mi compañía

La soledad del poeta es su compañía,
en la noche se siente más vivo,
su pluma dibuja líneas de melancolía,
en la soledad, su musa y su motivo.

Es el silencio el que escucha sus lamentos,
mientras su pluma escribe sin cesar,
de la noche y sus demonios hambrientos,
y de la tristeza que no deja de acechar.

Sus ojos cansados miran al infinito,
buscando una respuesta que nunca llega,
y en su mente solo hay un grito,
de dolor, de angustia y de tristeza.

La soledad es su amiga y su enemiga,
le da la paz para crear sus versos,
pero también la oscuridad lo castiga,
y lo hace sentir perdido en el universo.

El poeta encuentra la inspiración,
en los momentos más oscuros de su ser,
y así crea versos llenos de emoción,
de tristeza, dolor y soledad sin fin.

La noche, su amada y fiel compañera,
le regala el silencio y la oscuridad,
y es en esa soledad tan verdadera,
donde el poeta puede sentirse en libertad.

La melancolía de un poeta

La noche es larga y triste,
y la luna está escondida,
sólo las estrellas me miran
y yo estoy aquí, perdido.

Mi corazón está cansado,
de tanta soledad y dolor,
mis pensamientos son oscuros,
y mi alma está en el abismo del temor.

Soy un poeta, un soñador,
un hombre que busca la verdad,
pero a veces me siento perdido,
en este mundo lleno de falsedad.

Mis palabras son como lágrimas,
que caen sobre el papel,
y mi pluma es un pincel triste,
que dibuja un mundo cruel.

La melancolía me envuelve,
y no sé cómo escapar,
mi alma está atrapada en
la oscuridad,
y no hay luz
que me pueda iluminar.

La noche es mi amiga,
pero también es mi enemiga,
porque me trae recuerdos,
que me hacen sufrir y llorar.

Soy un poeta solitario,
que busca un camino
hacia la felicidad,

pero a veces me siento perdido,
en este mundo lleno de superficialidad.

La melancolía
es mi compañera,
en este viaje sin fin,
y aunque a veces me hace sufrir,
también me da la fuerza para seguir.

Recuerdos de infancia

En los recovecos de mi mente,
se esconden los recuerdos de mi infancia,
los juegos, risas, y tardes de sol,
que ahora parecen tan lejanos.

El olor de la hierba recién cortada,
el sabor de las golosinas en mi boca,
los abrazos cálidos de mi madre,
que me hacían sentir protegida.

Las mañanas llenas de aventuras,
cuando el mundo era
un lugar por descubrir,
todo parecía ser posible,
y la felicidad, algo cotidiano.

Pero el tiempo no se detiene,
y los años han pasado volando,
ahora soy un adulto,
con responsabilidades
y preocupaciones.

Y aunque los recuerdos de mi infancia,
ya no son más que eso, recuerdos,
aún los llevo en mi corazón,
como un tesoro precioso.

Y a veces, en los días más duros,
cuando el peso de la vida es insoportable,
me refugio en los recuerdos de mi infancia,
y me siento un poco más liviano.

Soy poeta

Soy poeta y esta noche
mis versos no quieren fluir,
mi alma se siente vacía
y no hay nada que decir.

Mi pluma busca inspiración,
pero no encuentra el camino,
mi corazón está bloqueado,
no hay emociones, solo un vacío.

Las palabras que antes fluían
ahora parecen no existir,
mi mente se siente confusa
y no hay nada que describir.

La hoja en blanco me mira
y yo no puedo hacer nada,
la inspiración parece perdida
y mi alma se siente callada.

El bloqueo emocional me atrapa,
la falta de musa me agobia,
mis pensamientos están nublados
y no hay luz que los ilumine.

Pero sé que esto es temporal,
que la inspiración volverá,
que mis emociones despertarán
y mi pluma de nuevo escribirá.

Un poeta sin musa en la noche oscura

Sin musa en la noche oscura,
el poeta clama en su alma vacía,
porque su pluma no tiene en ella
las palabras que expresen su agonía.

Las estrellas son testigos mudos
del grito ahogado en su garganta,
y la luna que brilla en el cielo
no ilumina su mente quebrantada.

Busca inspiración en los recuerdos,
en los amores que no fueron,
en los sueños que se desvanecieron,
en los fracasos que le dolieron.

Pero la musa no se presenta,
y el poeta se siente perdido,
en un mar de dudas e incertidumbres,
sin un norte, sin un sentido.

La noche avanza, el cansancio lo vence,
y el poeta se deja llevar,
por el sueño que lo lleva a la nada,
sin musa, sin voz, sin verdad.

El poeta duerme en su silencio,
esperando que la musa le aparezca,
en una noche oscura y solitaria,
para que su pluma vuelva a ser flecha.

La musa que no llega

En la noche oscura, silenciosa y fría
el poeta se sienta, esperando la musa que no llega
un papel en blanco, una pluma en la mano
y un corazón vacío que busca emociones.

La luna llena ilumina el paisaje
pero no logra iluminar su mente
el poeta intenta escribir algo nuevo
pero sus pensamientos están en la luna.

Su mente está bloqueada, sin inspiración
los versos que solía escribir ya no están
se siente perdido en el vacío
y su alma se va desvaneciendo.

Suspira profundamente, buscando la musa
quien una vez lo inspiró con su belleza
pero su corazón sigue en silencio
y el poeta se queda sin palabras.

La noche avanza, sin fin ni principio
y el poeta sigue en su lucha interna
buscando alguna luz que lo inspire
pero todo lo que encuentra es oscuridad.

La tristeza lo invade, la frustración lo ahoga
y se pregunta si alguna vez
volverá a sentir la emoción
de escribir algo hermoso y profundo
y reflejar su alma en las palabras.

El poeta se siente solo
y su alma llora por la pérdida de la musa
que una vez lo hizo soñar y volar
en un mundo lleno de luz y emociones.

Corazón de poeta

El corazón del poeta late en el pecho,
un órgano que late más que el resto.
Es la fuente de sus penas y su gozo,
el motor de sus palabras y su verso.

Este corazón es un pozo sin fin,
que recoge las lágrimas y el dolor.
Es un laberinto de dolor y amor,
que busca el camino hacia el resplandor.

El poeta es un explorador de su corazón,
y busca la luz en la oscuridad.
Pero a menudo se pierde en el laberinto,
y se queda atrapado en su soledad.

Su corazón late con fuerza y con pasión,
como un tambor que marca el ritmo de su vida.
Pero a veces se detiene en el dolor,
y le resulta difícil seguir adelante.

El corazón del poeta es un tesoro,
una fuente de inspiración y emoción.
Es el motor de su arte y su pasión,
y la razón por la que sigue adelante.

Pena del poeta en la noche

En la noche, cuando todo calla,
el poeta despierta en su cama,
con la pluma en mano, su mente vuela,
a un mundo desconocido de emociones.

Un mar de tristeza lo invade,
una pena inmensa lo consume,
su corazón se siente vacío,
en la soledad de la noche oscura.

Recuerda los amores perdidos,
los sueños rotos, los días sin sol,
las lágrimas que no se han secado,
en el alma del poeta que llora.

La pluma se desliza en el papel,
trazando letras con amargura,
expresando la tristeza del poeta,
que vive en un mundo sin ternura.

Las palabras fluyen en el papel,
como lágrimas de un corazón herido,
el poeta se desnuda ante el mundo,
mostrando su alma al descubierto.

La noche avanza y el poeta escribe,
hasta que el alba anuncia su llegada,
se acuesta a dormir con su dolor,
esperando que la musa lo encuentre.

Pero el poeta sabe que su pena,
nunca desaparecerá por completo,
siempre estará presente en su alma,
como un recuerdo de la noche oscura.

Sombras y vacíos

La noche se cierne sobre mí,
como un manto oscuro y frío,
y mi alma en soledad se pierde
entre sus sombras y su vacío.

Soy un poeta en esta noche,
con mi pluma y mi papel en mano,
buscando las palabras que me faltan
y que se han ido con el viento lejano.

La soledad me acompaña,
como una fiel compañera de vida,
y aunque a veces la maldigo,
siempre regresa en cada despedida.

La luna es mi única testigo,
en esta noche tan solitaria,
y aunque trato de encontrar inspiración,
mis pensamientos se ahogan en la nada.

Mi corazón está vacío,
y mi alma se siente adolorida,
pues no encuentro las palabras
que den luz a mi poesía.

La soledad me acuna en sus brazos,
y me envuelve en su fría oscuridad,
y aunque trato de escapar de ella,
siempre me encuentra en la soledad.

Soy un poeta en la noche,
con mi pluma y mi papel en mano,
buscando las palabras que me faltan,
y que se han ido con el viento lejano.

Musa

El poeta canta al amor que su musa inspira,
a su belleza y gracia que lo llena de vida,
y al fuego que arde en su corazón,
encendido por su dulce pasión.

El amor es la fuerza que le hace vibrar,
que le impulsa a escribir y a soñar,
que le hace ver la vida con otro color,
y le brinda esperanza en cada amanecer.

La musa es el centro de su universo,
la luz que ilumina su sendero incierto,
la razón por la que su pluma escribe,
y su corazón late con ímpetu y vive.

La musa es su anhelo, su gran pasión,
su más profunda fuente de inspiración,
y aunque a veces se aleje, él siempre la espera,
pues sabe que el amor verdadero no muere.

Y así el poeta sigue su camino,
cantando al amor en cada verso,
siendo fiel a su musa y a su destino,
hasta que su pluma cese su vuelo.

Estrella en la noche

Mi musa, mi estrella en la noche,
mi inspiración, mi luz divina,
eres la razón de mi poesía,
la fuerza que mueve mi mano.

Eres la belleza que admiro,
la pureza que me inspira,
eres la imagen de mis sueños,
la fuente de mi alegría.

Eres el misterio que me atrae,
el enigma que me intriga,
eres la pasión que me consume,
el fuego que me enciende.

Eres mi confidente, mi amiga,
mi compañera, mi aliada,
eres la que me entiende,
la que me comprende.

Eres la luz que ilumina mi camino,
la esperanza que me guía,
eres el sol que calienta mi alma,
la música que llena mi vida.

Eres mi musa, mi inspiración,
la razón de mi existir,
te dedico este poema,
en honor a tu belleza y tu ser.

Verso a verso

Verso a verso, la pluma va dejando
El rastro de un dolor que va creciendo
En el corazón del poeta, que llorando
Se entrega a su oficio sin descanso.

Palabras que desgarran su alma herida
Y brotan como lágrimas del fondo oscuro
De su ser, en medio de la noche fría,
Donde la luna lo acompaña en su penumbra.

Cada verso es un grito de su dolor,
Una plegaria al cielo por su alivio,
Un llamado al amor que está ausente,
Y una súplica a su musa por su regreso.

El poeta se pierde en su propio mundo,
Donde solo la poesía es su compañera,
Y sus versos son la única verdad
Que le queda en la vida.

Entre letras y sentimientos,
El poeta sigue adelante, con fe y con amor,
Esperando encontrar la luz en la oscuridad,
Y el consuelo en la palabra de su dolor.

Desahogo

El poeta se desahoga en sus versos,
escribe su alma en cada palabra,
busca en la rima alivio a sus dolores,
en cada verso pone su esperanza.

Se sumerge en su propia oscuridad,
buscando la luz en la poesía,
busca en las letras su liberación,
en cada estrofa encuentra su guía.

El poeta sabe que su pluma es su voz,
que sus versos son su corazón,
que cada línea es una emoción,
que su poesía es su razón.

A través de los versos se expresa,
siente que el papel es su confidente,
su corazón lo desnuda en cada letra,
y así sus emociones son transparentes.

El dolor que lleva dentro,
lo plasma en cada verso,
en cada estrofa sufrida,
busca un refugio, un consuelo.

El poeta no escribe solo por escribir,
escribe para darle sentido a su existir,
para sacar de adentro todo su sentir,
para no quedarse con nada que decir.

La poesía es su escape,
su forma de exorcizar la tristeza,
de plasmar en el papel su ser,
y así poder seguir adelante con firmeza.

El poeta se desahoga en sus versos,
escribe su alma en cada palabra,
busca en la rima alivio a sus dolores,
en cada verso pone su esperanza.

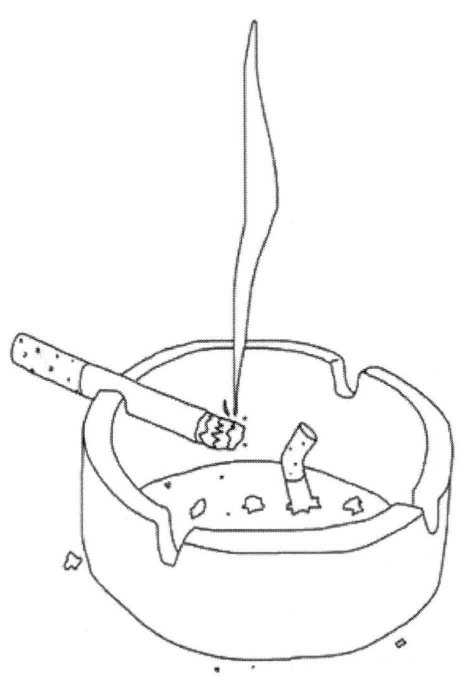

Cielo oscuro

La noche se extiende, larga y fría,
el viento sopla, la luna se alza,
y un poeta solitario en su oscuridad,
enciende su cigarro con ansiedad.

La soledad lo abraza con fuerza,
y la tristeza se posa en su cabeza,
buscando respuestas en el humo gris,
para dejar ir el dolor que no lo deja vivir.

Las estrellas brillan en el cielo oscuro,
y el poeta suspira por un futuro,
donde sus versos vuelvan a fluir,
y su alma vuelva a sentir.

La noche parece interminable,
y la soledad es inagotable,
pero el poeta sigue adelante,
con su pluma y su mente constante.

Escribe de sus penas y sus alegrías,
de sus sueños y sus fantasías,
y aunque la musa parezca ausente,
sus versos son un escape potente.

Con el cigarro como compañero,
y la luna como testigo verdadero,
el poeta sigue escribiendo sin cesar,
en busca de la luz que pueda brillar.

Porque aunque la noche sea oscura,
y la soledad una tortura,
el poeta sabe que siempre habrá,
un verso que lo ayude a continuar.

Mi refugio mental

En mi mente un lugar hay,
donde puedo refugiarme,
cuando el mundo a mi alrededor,
parece querer desarmarme.

Es un espacio protegido,
un santuario de mi ser,
donde puedo ser yo misma,
sin el temor de caer.

En él me siento segura,
en él nada me hace mal,
allí puedo encontrar paz,
y olvidarme del temporal.

Este lugar es mi refugio,
mi espacio de libertad,
donde puedo soñar despierta,
y dejar de sentirme atrapada.

Allí la creatividad fluye,
y puedo ser quien quiero ser,
en ese lugar de mi mente,
nadie me puede vencer.

Es un espacio tan especial,
que sólo yo puedo acceder,
allí puedo encontrar solución,
y en paz puedo renacer.

Mi refugio mental es mi fortaleza,
mi oasis de serenidad,
allí puedo encontrar mi fuerza,
y seguir adelante en la adversidad.

Mi mundo en llamas

Se quema mi mundo, arde en llamas,
la oscuridad se adueña del aire,
y mientras veo el fuego que todo lo arrasa,
sólo puedo sentirme sin aliento y sin aire.

Mi hogar, mi refugio, mi vida entera,
se consume y se deshace entre las llamas,
y mi corazón late con una fuerza que aterra,
porque sé que todo lo que era mío,
ahora se derrama.

La tristeza se apodera de mi alma,
y siento que me ahogo en la desesperación,
el dolor de ver todo desaparecer me calma,
y sé que mi futuro es una incógnita,
una confusión.

La luz del sol ya no me ilumina,
y la luna en el cielo no me hace soñar,
el vacío que siento me domina,
y sólo puedo llorar.

Mis lágrimas caen como la lluvia,
y el dolor me quema en el corazón,
siento como la vida se me escapa,
y me pregunto si tendré una razón.

¿Cómo puedo seguir adelante,
si todo lo que tenía se ha desvanecido?
¿Cómo puedo continuar,
si me siento desafiante,
y todo lo que he construido
ha sido destruido?

La noche se extiende

La noche se extiende larga y fría
y mi cuerpo no encuentra descanso,
mi mente revolotea inquieta
y el sueño no llega a mi paso.

Mis pensamientos son un remolino,
una tormenta en mi interior,
una lucha que no tiene fin
y me sumerge en la oscuridad.

Soy prisionera de mi mente
que no me deja en paz,
una angustia que me consume
y no me deja respirar.

El tiempo pasa lentamente,
el silencio es mi compañero,
la luna me mira compasiva
y yo sigo aquí, sin consuelo.

El insomnio me tiene presa,
no me deja ser libre,
mi cuerpo está cansado
y mi alma es un abismo.

¿Cuántas noches más tendrán que pasar
para que pueda dormir en paz?
¿Cuántas lágrimas más tendrán que caer
para que mi alma vuelva a sanar?

La noche se va desvaneciendo,
el amanecer se acerca ya,
pero yo sigo aquí, solitaria
y mi dolor no me deja escapar.

Pluma del poeta

En la pluma del poeta,
se dibuja la tristeza,
una sombra silenciosa,
que poco a poco lo devora.

Hay un sentimiento inmenso,
que se ahoga en su garganta,
y aunque busca las palabras,
no encuentra la forma exacta.

La soledad lo acompaña,
en noches largas e insomnes,
y el dolor se va asentando,
cada vez más en su cuerpo.

Cada vez que toma la pluma,
siente un peso en el pecho,
y aunque intenta escribir,
no puede plasmar lo que siente.

Se va apagando poco a poco,
como una vela sin aire,
y aunque sigue su camino,
siente que se va quedando.

El poeta se desespera,
y se siente atrapado,
en su propio mundo de sombras,
que lo va consumiendo.

Adiós

Adiós, palabra que corta
como el filo de una espada,
que arranca el corazón
y lo deja ensangrentado.
Adiós, despedida que duele
como el viento frío de invierno,
que congela el alma
y la deja temblando en el suelo.

Adiós, triste adiós que se clava
en el pecho como una lanza,
que hiere la carne
y hace brotar lágrimas de tristeza.
Adiós, amargo adiós
que desgarra el alma
como una fiera,
que destroza los sueños
y los deja hechos añicos
en la arena.

Se va el amor como el sol al atardecer,
dejando el cielo vacío y la oscuridad alrededor.
Se va la ilusión como el agua en un desierto,
dejando la sed en el alma y la tristeza en el corazón.

Ya no habrá risas,
ni abrazos, ni besos,
sólo el silencio frío de la ausencia
que lo inunda todo.
Ya no habrá miradas,
ni caricias, ni pasión,
sólo el vacío triste de la soledad
que lo envuelve todo.

La noche se hace más larga y oscura,

el dolor se hace más fuerte y profundo.
El corazón late más despacio y cansado,
y el alma se va apagando
poco a poco.

Adiós, palabra cruel
que hiere como una daga,
que rompe el corazón
y lo deja sangrando.
Adiós, despedida amarga
que duele como el hierro,
que arranca los sueños
y los deja agonizando en el suelo.

La vida sigue

La vida sigue su curso inexorable,
y el tiempo no se detiene ante el dolor.
Pero el corazón no olvida, ni perdona,
y guarda en su interior el recuerdo del amor.

Adiós, triste adiós que se lleva el alma,
que deja el corazón vacío y sin calma.
Adiós, amargo adiós que no tiene consuelo,
que deja la vida sin sentido y sin anhelo.

Y así se va el amor, como se va la vida,
dejando el corazón roto y herido.
Y así se va la ilusión, como se va la luz,
dejando el alma en la oscuridad sumida.

Adiós, palabra que duele en el alma,
que rompe los sueños y los deja sin calma.
Adiós, triste adiós que corta como una espada,
que deja el corazón destrozado y sin nada.

Atormenta

El insomnio atormenta al poeta en la noche,
y en su alma hay un bloqueo,
no encuentra las palabras ni el enfoque,
y siente que su inspiración se va al mar.

Las estrellas brillan en el firmamento,
y la luna llena ilumina el silencio,
pero él se siente vacío y sin aliento,
y su mente parece un gran desierto.

Las ideas se agolpan en su cabeza,
como si quisieran salir y volar,
pero se quedan atrapadas en la tristeza,
y no pueden encontrar el camino hacia el mar.

El poeta es un barco a la deriva,
sin rumbo fijo ni puerto donde atracar,
y su alma es como un mar en calma,
donde no sopla el viento
ni hay olas que surfear.

Se siente solo en medio de la nada,
y la noche le parece un gran abismo,
donde las sombras juegan una partida,
y el insomnio lo mantiene en vilo.

El poeta

El poeta ya no siente,
su corazón está vacío,
sus pensamientos son oscuros,
y su alma se ha perdido.

Sus ojos miran el mundo,
pero no pueden ver,
todo lo que antes lo inspiraba,
ahora lo hace padecer.

El poeta intenta escribir,
pero las palabras no fluyen,
su mente está bloqueada,
y su creatividad se extingue.

El insomnio lo acompaña,
no le permite descansar,
sus pensamientos no lo dejan en paz,
y su cuerpo empieza a fallar.

La tristeza lo abruma,
y la soledad lo atormenta,
busca desesperadamente una salida,
pero no encuentra una respuesta.

La musa lo ha abandonado,
y el dolor lo ha consumido,
se siente perdido en el mundo,
y en su alma no hay unido.

El poeta lucha por salir adelante,
buscando un rayo de esperanza,
pero el tormento lo atrapa,
y lo hunde en su nostalgia.

Escapar

No sabe cómo escapar,
de este dolor tan profundo,
su alma clama por ayuda,
para sanar su corazón moribundo.

El poeta se aferra a la vida,
buscando una razón para continuar,
pero el peso de su dolor lo agobia,
y lo hace desfallecer.

¿Habrá un camino de regreso,
para este poeta sin sentir?,
¿Podrá recuperar lo que ha perdido,
y volver a encontrar su sentir?

Solo el tiempo lo dirá,
si su alma podrá renacer,
mientras tanto,
el poeta sigue luchando,
esperando que el dolor
algún día desaparezca.

El tiempo se escurre

El tiempo se escurre
como arena entre los dedos
No hay nada que pueda detener
su curso inevitable
Y mientras más tratamos de aferrarnos a él
Más rápido parece desaparecer.

Los días se convierten en semanas,
Las semanas en meses, los meses en años,
Y en un abrir y cerrar de ojos
Una vida entera ha pasado.

¿Dónde se fue todo el tiempo?
¿Cómo pudimos dejar
que se nos escapara de las manos?
Los momentos felices y tristes,
los recuerdos buenos y malos,
Todo se mezcla
en una amalgama de emociones.

La juventud se desvanece,
la vejez se acerca,
Y nos preguntamos
si hemos hecho lo suficiente,
Si hemos vivido lo suficiente,
Si hemos amado lo suficiente.

Pero el tiempo no nos da respuestas,
Solo nos hace sentir su implacable presencia,
Recordándonos cada día
que no hay vuelta atrás,
Que cada segundo que pasa es irrecuperable.

Así que dejemos de lamentarnos
por lo que no podemos cambiar.

Camino incierto

La vida es un camino incierto
y lleno de penumbra,
que nos lleva a través de la luz y la oscuridad,
un sendero de incertidumbres y dudas,
en el que la esperanza y el miedo
caminan de la mano.

Y en este camino,
la muerte es nuestro destino final,
un horizonte que se acerca
con cada paso que damos,
una puerta que se abre a lo desconocido,
una transición que nos asusta y nos paraliza.

La vida y la muerte,
dos caras de una misma moneda,
dos realidades que se entrelazan
en un abrazo eterno,
una dualidad que nos acompaña
desde el principio,
una dicotomía que define
nuestra existencia.

Pero el tiempo,
es el gran protagonista de esta historia,
un juez implacable
que no conoce la clemencia,
un tirano que nos obliga
a avanzar sin mirar atrás,
un reloj que no se detiene
por más que lo deseemos.

Y en el transcurso de la vida,
el tiempo nos va dejando huellas,
cicatrices que marcan

nuestro cuerpo y nuestra alma,
recuerdos que nos acompañan
a lo largo del camino,
personas que nos han amado
y que hemos amado.

Pero también hay pérdidas
y dolor en el transcurso del tiempo,
despedidas que nos destrozan
el corazón y la razón,
amores que se van
para nunca más volver,
momentos irrepetibles
que ya no volverán.

El tiempo nos va llevando
hacia el final,
hacia el abismo que nos espera
al final del camino,
y en la última estación
nos espera la muerte,
el último suspiro
de una vida que se fue.

La noche me rodea

La noche me rodea en su oscuridad
y el insomnio no me deja en paz,
mi mente se encuentra
en un estado de zozobra,
y mi alma se encuentra triste y sola.

Me pregunto por qué no puedo dormir,
por qué mi mente no para de fluir,
por qué los pensamientos no me dejan en paz,
y me torturan con su impertinente vaivén.

Busco un poco de alivio en el silencio de la noche,
pero la tristeza me acompaña en cada brochazo,
y mi alma se ahoga en un mar de incertidumbre,
mientras la mente sigue girando sin rumbo fijo.

La luna llena ilumina la oscuridad,
y me recuerda lo sola que me encuentro
en la realidad,
mientras el reloj marca
el paso del tiempo,
y mi mente sigue corriendo
sin un motivo aparente.

El insomnio es como una maldición,
que me mantiene en un estado de tensión,
y me impide descansar y encontrar la paz,
que mi mente y mi cuerpo tanto necesitan.

En la noche oscura me siento perdida,
y mi mente se encuentra
en un laberinto sin sentido,
tratando de encontrar una salida,
para escapar de mi propio tormento.

En la más profunda oscuridad

En la más profunda oscuridad
me sumerge mi tristeza,
no encuentro luz ni claridad,
y la inspiración se me cesa.

Los versos que una vez fluían
ahora se quedan en mi mente,
y a pesar de que los intento escribir,
los siento inacabados e impotentes.

Mi pluma ya no sabe qué decir,
mi corazón ya no sabe cómo sentir,
y en este vacío en el que me hallo,
me parece que el mundo pierde su brillo.

¿Dónde está mi musa, mi inspiración,
quién me dará un poco de alegría?
Sólo escucho el sonido de mi respiración,
y el latido de mi corazón, en agonía.

La tristeza me consume cada día,
no me deja respirar,
y en mi alma ya no queda alegría,
sólo el dolor que no me deja avanzar.

Es difícil continuar cuando el dolor
se instala en el corazón,
y aunque trato de olvidar el rencor,
sólo siento la opresión.

¿Cómo puedo encontrar la luz
en la oscuridad que me envuelve?
¿Cómo puedo encontrar la paz,
cuando mi alma se resuelve?

Seguir adelante

Es difícil seguir adelante
cuando mi alma ya no puede más,
y aunque sé que no soy la única
que sufre esta penosa carga.

Aun así, mi corazón no entiende
que hay alguien allá afuera,
que escucha mi lamento,
y que me puede hacer ver la belleza.

Quizá algún día pueda encontrar
la luz que guía mi camino,
y pueda volver a escribir
los versos que están dormidos.

Mientras tanto, me aferro
a la esperanza de que un día
vuelva a tener la inspiración
y el dolor se convierta en poesía.

Mi corazón sin alegría

Mi corazón sin alegría se arrastra
por la noche oscura y el día gris,
en busca de algo que no encuentra,
en busca de una luz que lo ilumine.

El silencio pesa sobre mi alma,
y el vacío se cierne a mi alrededor,
como una nube negra que no se disipa,
que me ahoga y me hace sentir pavor.

Mis lágrimas son la tinta de mis versos,
que brotan de mi corazón herido,
como un río de dolor que fluye sin cesar,
como un eco de un lamento sentido.

Mis manos se aferran al papel,
en un intento de plasmar mi sentir,
de darle forma a este tormento,
de buscar la manera de resistir.

Pero mi corazón sigue vacío,
y la alegría no llega a mí,
sólo la tristeza y la oscuridad,
que me hacen sentir más gris.

Quizás algún día la luz brille de nuevo,
y mi corazón pueda volver a latir,
pero por ahora sólo me queda la espera,
y este dolor que me hace sufrir.

Corazón vacío

Un corazón vacío late en mi pecho,
sin alegría, sin amor ni pasión,
solo un eco frío, un triste desecho
de lo que fue mi alma y mi ilusión.

Cada latido es un dolor profundo,
un recordatorio de lo que perdí,
de lo que una vez fue un mundo
lleno de luz, ahora oscuro y gris.

Busco en vano una chispa de emoción,
un rayo de sol que me dé calor,
pero solo encuentro la desolación,
la soledad y el frío en mi interior.

¿Dónde se fue mi risa, mi sonrisa?
¿Dónde están mis sueños y mi ilusión?
Se perdieron en la bruma y la neblina,
y solo queda este vacío y este adiós.

Quizás un día, algún rayo de luz
ilumine de nuevo mi oscuro corazón,
y surja de las cenizas, como un ave fénix,
una nueva ilusión, una nueva pasión.

Solo queda la tristeza,
la soledad y el vacío que me atormenta,
un corazón sin alegría ni belleza,
un alma rota, que el tiempo lenta.

Sola sin ti

En la noche oscura, sola y sin ti,
el poeta se encuentra en un mar de tinieblas,
un vacío que atormenta su corazón,
una soledad que le ahoga en la tristeza.

En el silencio de la noche, la musa no llega,
no hay inspiración que llegue a su mente,
su pluma se seca, su corazón se apaga,
el poeta se encuentra perdido entre la gente.

Su musa se ha ido, y con ella se fue la luz,
los versos ya no fluyen como antes,
el poeta lucha con su bloqueo emocional,
buscando la inspiración que se llevó el viento.

El corazón del poeta está vacío,
sus versos ya no tienen el mismo brillo,
sus sueños se han esfumado,
y su alma llora por la ausencia de su musa.

En su soledad, el poeta espera,
espera el regreso de su musa,
espera encontrar la inspiración perdida,
y volver a escribir con pasión y alegría.

Pero la noche sigue siendo oscura,
la soledad sigue siendo su compañía,
y el poeta sigue buscando en el vacío,
la musa que ilumine su vida.

Y aunque la inspiración tarda en llegar,
y el corazón del poeta sigue vacío,
él sigue escribiendo, luchando, esperando,
porque sabe que algún día volverá su musa,
y su corazón volverá a latir con alegría.

Mi corazón está

Mi corazón está vacío,
es como una habitación fría.
Donde el eco de mis pensamientos
se repite día tras día.
No hay nada que me llene,
nada que me haga sentir viva
Solo una gran sensación de vacío,
como un profundo abismo.

Las palabras que solía escribir,
ahora son solo una sombra.
De lo que una vez fueron,
de lo que solían ser las letras.
Mi mente está en blanco,
no hay nada que fluya.
Solo un vacío oscuro que consume
mi alma sin tregua.

A veces intento escribir,
pero las palabras no llegan
Solo un papel en blanco
y una pluma vacía.
Mi musa ha desaparecido,
dejando solo la oscuridad
No sé cómo recuperarla,
cómo volver a empezar.

La soledad es mi compañera,
la tristeza mi amiga
La depresión se ha instalado en mi ser,
y no me deja ir
Mi corazón está roto,
y no sé cómo arreglarlo

Aquí estoy,

con mi corazón vacío
y mi mente en blanco
Esperando que la luz brille
de nuevo en mi camino.
Que la musa regrese a mí,
y me permita escribir de nuevo
Mientras tanto,
seguiré luchando,
resistiendo el interno vacío.

De las cenizas

De las cenizas resurgió
el poeta que antes yacía
en un abismo oscuro y frío,
de soledad y agonía.

En su mente una tormenta
lo llevó a la desdicha y el dolor,
a un mundo de oscuridad eterna
que parecía no tener fin ni amor.

Se aferró a la pluma y al papel
y con letras su dolor plasmó,
fue un escape de su tormento cruel
y en la poesía se liberó.

Poco a poco fue sanando
sus heridas del pasado,
y en la luz de un nuevo día
encontró la esperanza
y el renacer anhelado.

Con cada verso su alma floreció,
nuevas sensaciones empezó a sentir,
y en cada estrofa que componía
renacía su espíritu y su sentir.

De nuevo resplandecía
el fuego que antes se había apagado,
y con la fuerza que había obtenido
nuevos poemas ha creado.

Hoy es un poeta más fuerte,
más sabio y más valiente,
que encontró en las letras su refugio
y volvió a ser poesía viva y ardiente.

Nisperero

Bajo la sombra de un nisperero,
el poeta escribe con su pluma y tintero,
en las hojas blancas se derrama su dolor,
y su alma se desgarra en cada verso.

Las lágrimas caen sobre el papel,
como lluvia en una tarde gris,
mientras el poeta busca la paz,
en la soledad de aquel jardín.

El nisperero le brinda su compañía,
y lo envuelve con su suave aroma,
le da la fuerza para seguir adelante,
y le muestra el camino hacia la gloria.

Las palabras fluyen de su mente,
como un río que busca su cauce,
y el poeta las deja fluir,
para que el mundo pueda conocer su voz.

Su dolor y su sufrimiento,
se convierten en poesía,
y el poeta vuelve a sentirse vivo,
en la belleza de su melancolía.

Con cada verso que escribe,
sana un poco más su corazón,
y el nisperero lo mira con admiración,
mientras su sombra lo protege del sol.

El poeta se siente agradecido,
por el regalo que la vida le ha dado,
y sigue escribiendo bajo el nisperero,
con lágrimas en los ojos y el alma desgarrada.

Pero su poesía es su victoria,
y aunque su dolor nunca se acabe,
su resurgir de las cenizas,
lo ha hecho un poeta inmortal.

Jilguero

Un jilguero se posa en la rama,
un poeta lo mira con tristeza,
en su alma hay una llama,
que le quema sin tregua ni clemencia.

La pluma en la mano tiembla,
el papel en blanco lo desafía,
sabe que su alma es pobre y enferma,
que sus versos no tienen magia.

El jilguero canta con gracia,
el poeta escucha con devoción,
en su corazón hay una gran tristeza,
que lo mantiene en la oscuridad.

La noche cae lentamente,
el jilguero se va en el silencio,
el poeta se queda con su mente,
que no deja de pensar en su tormento.

La soledad es su compañera,
la tristeza lo acompaña a diario,
la oscuridad lo ciega por dentro,
y su corazón se siente vacío.

El jilguero es su único amigo,
le da un poco de luz a su vida,
el poeta lo mira con cariño,
y se siente un poco más vivo.

Escribe con el corazón en la mano,
sus versos tienen un poco de luz,
busca en su alma un nuevo plan,
y vuelve a ser el poeta de antaño.

Un jilguero lo ha inspirado,
a escribir con más sentimiento,
a dejar atrás el pasado,
y a renacer con su talento.

El poeta ha encontrado su musa,
en un jilguero de plumas doradas,
ha vuelto a encontrar su alegría,

Ruiseñor

El poeta mira al ruiseñor,
que canta su dulce melodía,
y en su trino se refleja el dolor,
que anida en su alma noche y día.

La luz de la luna ilumina su rostro,
mientras escribe con pluma y papel,
palabras que salen de lo más hondo,
y plasman su sufrimiento cruel.

El ruiseñor sigue cantando,
sin saber lo que el poeta siente,
en su canto encuentra consuelo,
mientras el poeta escribe su lamento.

Cada verso que sale de su mente,
es una gota de su sangre,
un pedazo de su alma doliente,
que le hace sentir que se desangra.

El ruiseñor sigue cantando,
en su canto hay vida y alegría,
pero el poeta sólo encuentra llanto,
y su alma parece que se vacía.

La noche es larga y el poeta sigue escribiendo,
sus pensamientos se desbordan en la hoja,
el ruiseñor sigue cantando y volando,
ajeno al tormento que al poeta despoja.

La pluma se desliza por el papel,
creando un camino lleno de dolor,
el poeta escribe lo que siente,
mientras el ruiseñor
sigue su trino de amor.

La noche se va desvaneciendo,
y el sol empieza a asomar,
el ruiseñor se va silenciando,
y el poeta termina su cantar.

El poema es un grito en la oscuridad,
un reflejo de la soledad del poeta,
un testimonio de su sufrir,
y su lucha por salir
a flote de su tormenta.

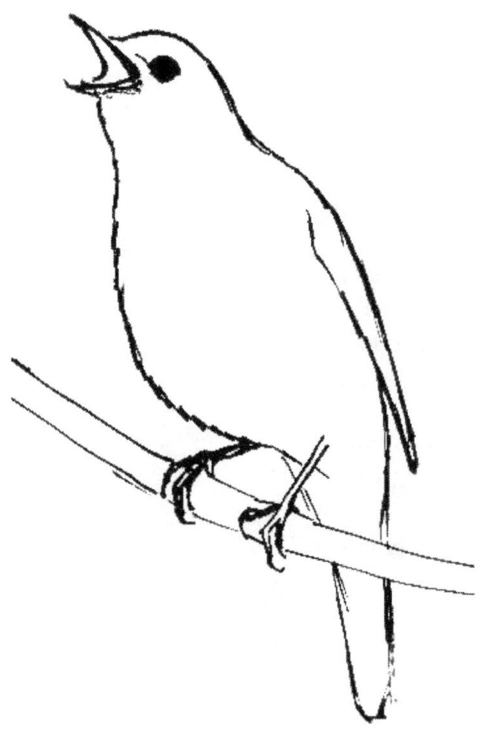

Un poeta con el corazón dolido

Un poeta con el corazón dolido,
siente su latido sin sonido,
se pregunta si está vivo,
o si es sólo un alma en olvido.

Su pecho arde en fuego ardiente,
y su alma es un abismo pendiente,
de caer al vacío en la noche,
y perderse en su propio derroche.

Cada latido es un suspiro,
un intento de no desfallecer,
de no sucumbir al martirio,
de su corazón que no deja de doler.

Sus versos son un reflejo,
de su alma rota y en despecho,
de un amor que lo abandonó,
y de un corazón que se quedó sin voz.

Pero a pesar de la tristeza,
el poeta sigue su camino,
en busca de una nueva certeza,
y de un nuevo amor en su destino.

Así sigue su corazón herido,
luchando por salir del abismo,
escribiendo versos y poemas,
y sanando a través de cada poema.

El día después

El día después,
Amanece gris y siento un vacío profundo,
Como si parte de mi alma se hubiera ido
Y el dolor que siento es un recuerdo latente.

Intenté escapar de la tristeza y el dolor,
De la soledad y la oscuridad de mi corazón,
Pero en lugar de encontrar la paz que buscaba,
Sólo hallé más tormento en mi alma atrapada.

Quise dejar atrás la carga que llevaba,
Las penas y heridas que me lastimaban,
Pero en mi mente y mi corazón latía,
El latido constante del dolor que no moría.

Hoy miro alrededor y todo parece igual,
Pero siento que mi alma no vuelve a latir igual,
La tristeza me envuelve y el dolor me abraza,
Y la soledad que siento, en mi alma no descansa.

Aunque mi cuerpo sigue aquí, mi mente está lejos,
Lejos de la felicidad y los sueños más bellos,
Y en mi corazón, sólo queda el vacío,
De todo lo que perdí y que ya no tiene sentido.

En la Vastedad del universo

En la vastedad del universo
yace la soledad,
un eco silencioso que susurra su pesar.
Se desliza entre las sombras de la noche,
se cierne sobre el alma
como un oscuro derroche.

La soledad, compañera fiel
de los corazones solitarios,
teje su tela de melancolía
en los rincones más precarios.
Un abrazo vacío, un suspiro sin respuesta,
una melodía triste en la sinfonía de la existencia.

En el laberinto de pensamientos y emociones,
se desvanece la esperanza,
se pierden las ilusiones.
El vacío se expande como un mar sin orillas,
devorando los sueños y las alegrías sencillas.

La soledad se viste de luto en el silencio de la noche,
donde las estrellas parecen apagarse sin derroche.
En medio de la multitud, se erige como un muro,
se alza imponente, despojándome
de abrazos seguros.

Y en el corazón solitario, el eco retumba,
como una triste canción que el viento despluma.
Las lágrimas brotan como rosas marchitas,
en un jardín abandonado, sin risas infinitas.

El vacío se adhiere a cada suspiro contenido,
se aferra a los recuerdos, dejando el alma herida.
Es un espacio sin forma, sin sentido ni rumbo,
un abismo eterno que en el corazón se cimbra.

La soledad y el vacío,
dos compañeros indeseados,
se entrelazan en un abrazo
lleno de desamparo.

Pero en el fondo de la noche más oscura,
se oculta un destello de luz que perdura.

En los abismo del alma

En los abismos del alma, entre sombras de dolor,
reposa el triste recuerdo del abandono sin pudor.
Un trauma profundo, una herida que no sana,
un latido quebrado en la melodía
de la vida humana.

El abandono, cruel y frío,
como un viento implacable,
se cierne sobre el corazón,
dejando huella inquebrantable.

Es el vacío en los brazos
que no llegaron a sostener,
la ausencia de palabras,
el olvido de querer.

En la infancia se siembra,
como una semilla en la tierra,
germina el miedo y la desconfianza,
sembrando la guerra.
Un alma rota en pedazos,
buscando desesperadamente
un refugio en otros abrazos.

Las cicatrices del abandono
dibujan sus trazos en la piel,
son marcas invisibles que duelen
y no quieren desvanecer.
La confianza se desvanece,
se rompe el hilo del amor,
y en el corazón del abandonado
se instala el temor.

Las relaciones se vuelven
un laberinto de desconfianza,

se tejen barreras de protección,
una desesperada balanza.
El abandono se convierte en el espectro
que siempre acecha,
y el alma herida busca
en la soledad una triste madeja.

En lo profundo de un alma herida

En lo profundo de un alma herida,
un eco se escucha,
un grito silenciado
por el abandono que lo abruma.

Un torrente de lágrimas brota sin consuelo,
mientras el corazón llora
en su más oscuro desvelo.

El abandono, cruel fantasma
que todo lo corroe,
deja cicatrices profundas,
lamentos que no curan.
Es un viento helado que golpea sin piedad,
un nudo en la garganta que dificulta respirar.

Con la desconfianza, los cimientos se quiebran,
cuando una figura amada desaparece sin saberlo.
Se desvanece el amor, se rompen los lazos,
y el niño se queda solo, sin rumbo ni abrazos.

El alma se fragmenta en mil pedazos dispersos,
el corazón queda atrapado en un dolor inmerso.
El abandono deja un vacío desgarrador,
una herida que no sana, un grito sin clamor.

La confianza se desvanece,
se marchita como una flor,
la ansiedad se apodera,
sembrando el temor.
Se cierran las puertas a los demás,
por miedo a perder,
y el corazón se aísla,
sin saber cómo volver.

El abandono se ancla
en los sueños y esperanzas,
haciendo que el futuro
parezca una sombra lejana.
Las relaciones se vuelven
espinas en la piel,
y el corazón se resguarda,
sin saber cómo romper.

Se arrastra el peso
del abandono como una cruz,
el tiempo parece detenerse,
sin rumbo ni luz.
Las lágrimas se vuelven
compañeras en la noche,
mientras el alma grita,
justificando una invisible culpa.

Sobre la Autora

Irina Daria M es una destacada poeta y autora española de dos libros de poesía, "Silencio" y "Amor", que han obtenido un gran éxito en ventas en plataformas digitales como Amazon. Su talento y dedicación le han permitido ganar reconocimiento en el mundo literario, llevándola a recibir el premio "La Literatura es Femenina 2023".

Además de su pasión por la escritura, Irina también ha incursionado en el campo del marketing digital, compartiendo su experiencia y conocimientos a través de su libro "Marketing Digital para ser el próximo Bestseller".

fin

Made in United States
Orlando, FL
04 June 2024

47553114R00119